Kohlhammer

Lindauer Beiträge zur Psychotherapie und Psychosomatik

Herausgegeben von Michael Ermann und Dorothea Huber

Michael Ermann, Prof. Dr. med. habil., ist Psychoanalytiker in Berlin und em. Professor für Psychotherapie und Psychosomatik an der Ludwig-Maximilians-Universität München.

Dorothea Huber, Professor Dr. med. Dr. phil., war bis 2018 Chefärztin der Klinik für Psychosomatische Medizin und Psychotherapie an der München Klinik. Sie ist Professorin an der Internationalen Psychoanalytischen Universität, IPU Berlin, und in der wissenschaftlichen Leitung der Lindauer Psychotherapiewochen tätig.

Eine Übersicht aller lieferbaren und im Buchhandel angekündigten Bände der Reihe finden Sie unter:

 https://shop.kohlhammer.de/lindauer-beitraege

Der Autor

Prof. Dr. med. Joachim Küchenhoff ist Facharzt für Psychosomatische Medizin und Psychotherapie, Facharzt für Psychiatrie und Psychotherapie sowie Psychoanalytiker. Er ist emeritierter Professor der Universität Basel und ehemaliger Direktor der Erwachsenenpsychiatrie der Klinik für Psychiatrie und Psychotherapie Baselland sowie Gastprofessor und Aufsichtsratsvorsitzender der Internationalen Psychoanalytischen Universität Berlin. Er ist außerdem Wissenschaftlicher Beirat u. a. der Lindauer Psychotherapiewochen.

Joachim Küchenhoff

Psychotisches Erleben

Psychodynamik, Beziehungsdynamik, Behandlung

Verlag W. Kohlhammer

Dieses Werk einschließlich aller seiner Teile ist urheberrechtlich geschützt. Jede Verwendung außerhalb der engen Grenzen des Urheberrechts ist ohne Zustimmung des Verlags unzulässig und strafbar. Das gilt insbesondere für Vervielfältigungen, Übersetzungen und für die Einspeicherung und Verarbeitung in elektronischen Systemen.

Pharmakologische Daten verändern sich ständig. Verlag und Autoren tragen dafür Sorge, dass alle gemachten Angaben dem derzeitigen Wissensstand entsprechen. Eine Haftung hierfür kann jedoch nicht übernommen werden. Es empfiehlt sich, die Angaben anhand des Beipackzettels und der entsprechenden Fachinformationen zu überprüfen. Aufgrund der Auswahl häufig angewendeter Arzneimittel besteht kein Anspruch auf Vollständigkeit.

Die Wiedergabe von Warenbezeichnungen, Handelsnamen und sonstigen Kennzeichen berechtigt nicht zu der Annahme, dass diese frei benutzt werden dürfen. Vielmehr kann es sich auch dann um eingetragene Warenzeichen oder sonstige geschützte Kennzeichen handeln, wenn sie nicht eigens als solche gekennzeichnet sind.

Es konnten nicht alle Rechtsinhaber von Abbildungen ermittelt werden. Sollte dem Verlag gegenüber der Nachweis der Rechtsinhaberschaft geführt werden, wird das branchenübliche Honorar nachträglich gezahlt.

Dieses Werk enthält Hinweise/Links zu externen Websites Dritter, auf deren Inhalt der Verlag keinen Einfluss hat und die der Haftung der jeweiligen Seitenanbieter oder -betreiber unterliegen. Zum Zeitpunkt der Verlinkung wurden die externen Websites auf mögliche Rechtsverstöße überprüft und dabei keine Rechtsverletzung festgestellt. Ohne konkrete Hinweise auf eine solche Rechtsverletzung ist eine permanente inhaltliche Kontrolle der verlinkten Seiten nicht zumutbar. Sollten jedoch Rechtsverletzungen bekannt werden, werden die betroffenen externen Links soweit möglich unverzüglich entfernt.

1. Auflage 2023

Alle Rechte vorbehalten
© W. Kohlhammer GmbH, Stuttgart
Gesamtherstellung: W. Kohlhammer GmbH, Stuttgart

Print:
ISBN 978-3-17-043519-3

E-Book-Formate:
pdf: ISBN 978-3-17-043520-9
epub: ISBN 978-3-17-043521-6

Inhalt

1. Vorlesung
Grundlagen – das psychotische Erleben in der Außen- und in der Innensicht 7
    Verantwortung und Psychotherapie mit psychotisch erlebenden Menschen 7
    Stigmatisierung 10
    First-person Account 12
    Die allmähliche Entwicklung psychotischen Erlebens 16
    Grunderfahrungen des Lebens 19
    Der Körper und das eigene Selbst 24

2. Vorlesung
Psychodynamik und Beziehungsdynamik des psychotischen Erlebens 27
    Die Nähe-Distanz-Dilemmata 28
    Dilemmata der Selbst-Objekt-Differenzierung in der Psychose 30
    Therapie auf der Suche nach dem Selbst im psychotischen Erleben 33
    Haltung: Respekt und Engagement 42

3. Vorlesung
Die psychoanalytisch fundierte therapeutische Haltung in der Psychosenpsychotherapie 47
    Psychotisches Erleben und psychoanalytische Technik 50
    Wiederherstellung struktureller Fähigkeiten 58
    Anwendungen und praktische Hinweise 60

4. Vorlesung
Weitere therapeutische Verfahren 67
    Verhaltenstherapie 67
    Systemische Therapien 73
    Psychopharmakologie und Psychotherapie 78

5. Vorlesung
Klassifikationen und ihre Grenzen; Manie und Depression   **89**
    Klassifikation und diagnostische Inventare 89
    Manie und Depression 97

Zum Abschluss noch einmal: Engagement in der Psychotherapie 107

Literatur 109

Stichwortverzeichnis 113

Personenverzeichnis 116

1. Vorlesung
Grundlagen – das psychotische Erleben in der Außen- und in der Innensicht

Verantwortung und Psychotherapie mit psychotisch erlebenden Menschen

In der zweiten Woche der Lindauer Psychotherapie-Wochen 2022 stand das Thema »Verantwortung« im Zentrum. Auch wenn unsere Vorlesung als klinische Vorlesung, die sich dem psychotischen Erleben widmete, nicht unmittelbar mit dem Rahmenthema verbunden zu sein schien, so war doch die Verantwortung zu betonen, die Psychiater und Psychiaterinnen, Psychologinnen und Psychologen, Psychotherapeutinnen und Psychotherapeuten gerade den psychotisch erlebenden Patientinnen und Patienten gegenüber haben.

Verantwortung in der Psychotherapie mit psychotisch erlebenden Menschen

- Ein therapeutisches Angebot machen
- In der Therapie flexibel bleiben
- Die Therapie auf die Bedürfnisse der Patientengruppe abstimmen
- Alle, auch chronisch Kranke behandeln und sich nicht von einer falsch verstandenen Rentabilität leiten lassen
- Zeugnis für unterversorgte Patientengruppen ablegen
- Sich betreffen und berühren lassen und die ethischen Konsequenzen ziehen

---

1. Vorlesung Grundlagen – das psychotische Erleben

Viele Patientinnen und Patienten, mit denen wir uns in dieser Vorlesung befassen wollen, kommen nicht von allein und aus eigenem Antrieb in die Psychotherapie. Vielleicht wissen sie mit dem Angebot gar nichts anzufangen, vielleicht hindert sie eine unsägliche Angst, über die eigenen Erfahrungen zu sprechen. Anders als bei den Menschen, die uns aufsuchen, stehen wir in der Verantwortung, die Patienten allererst von uns aus anzusprechen. Wir können nicht passiv bleiben, wir können nicht abwarten. Nein, wir müssen ein Angebot machen.

Zu unserer Verantwortung gehört aber auch, dass wir ein Angebot überhaupt haben und vorhalten. Viele der Patienten, über die wir sprechen werden, sind Stolpersteine im Praxisbetrieb. Keineswegs ist es selbstverständlich, dass sie gewissenhaft und regelmäßig zu den vereinbarten Zeiten kommen. Wir müssen also flexibel sein, und das fällt uns Psychotherapeutinnen und Psychotherapeuten außerordentlich schwer. Wir haben es viel lieber, wenn wir ungestört unsere fest vereinbarten Termine abspulen können.

Für unser Sicherheitsgefühl ist es uns wichtig – und die Psychotherapieforschung zeigt ja auch, wie notwendig es ist – dass wir an unserem Verfahren, das wir gelernt haben und das uns leitet, festhalten. Viele psychotisch erlebende Patienten aber fügen sich nicht in das Schema, dass unser Therapieansatz vorgibt. Oder aber es braucht neben dem therapeutischen Gespräch noch die soziale Integration, die Wiedereingliederungsmaßnahme, eine Regelung der Rentenversorgung etc. Wir müssen also nicht nur im praktischen Alltag, sondern auch in unseren theoretischen Konzepten flexibel sein. Hier wird besonders deutlich, dass nicht die Patienten dem Verfahren, sondern das Verfahren den Anliegen, Ansprüchen und Bedürfnissen der Patienten angepasst werden muss.

Wir stehen darüber hinaus auch in einer gesundheitspolitischen Verantwortung. Immer noch und immer wieder sind die Angebote für psychotisch erlebende Menschen unzureichend. Ich erwähne als ein Beispiel die chronisch akuten Patienten, also die Patienten, die mit einer schweren akuten Psychose stationär eingewiesen werden und nicht gesunden, sondern immer weiter in ihrem psychotischen Erleben befangen bleiben. Sie sind schwer krank und sie brauchen deshalb unter Umständen monatelang eine intensiv psychiatrische, persönliche, beziehungsorientierte Begleitung. Wer sich in diesem Feld auskennt, weiß, wie enorm schwierig es ist, eine personalintensive Langzeitbehandlung aufrechtzuerhalten.

An dieser Stelle schiebe ich eine persönliche Bemerkung ein. Die Umstellung der Abrechnungsbedingungen in der Psychiatrie hat massive Auswirkungen auf die Versorgung gehabt. Zwar ist allgemein bekannt, dass es DRGs (Diagnose Related Groups oder Abrechnungssysteme nach Diagnosegruppen) in der Psychiatrie nicht geben kann. Dennoch hat man, zumindest in der Schweiz, an die DRGs angelehnte Versorgungsmodelle etabliert. Nach einer Anzahl von Wochen wird gemäß diesen Fallpauschalen die Behandlung unprofitabel. Ich erinnere mich an folgendes Gespräch mit einem Vertrauensarzt einer Krankenkasse, die eine etwa neun Monate gehende Behandlung eines schizophrenen Patienten massiv beanstandete. Er hatte das Recht, die gesamte Dokumentation einzusehen. Er wies dann darauf hin, dass im siebten und achten Monat der Patient nachmittags die Klinik verlassen konnte, um Menschen zu treffen, um Einkäufe zu machen etc., und dies ohne Begleitung. Daraufhin meinte der Vertrauensarzt, dass eine stationäre Behandlung von Menschen, die Ausgang hätten, nicht mehr nötig sei. Das also, was wir als eine große und erfreuliche Bereicherung im Rahmen einer unendlich schweren Therapie angesehen hatten, wurde nun plötzlich gegen den Patienten gewendet. Das Beispiel zeigt, wie wichtig es ist, sich intensiv einzusetzen für Behandlungsmöglichkeiten, die aufgrund der immer schwieriger werdenden ökonomischen Bedingungen gefährdet sind.

Aus der Traumatherapie ist uns geläufig, dass es zu den therapeutischen Aufgaben gehört, dass der Psychotherapeut oder die Psychotherapeutin Zeugnis ablegt; d. h. ja nichts anderes, als das Trauma, das überwältigende Erlebnis, zu beglaubigen. Wenn wir Zeugnis für jemand ablegen, verlassen wir aber unsere Position, die wir normalerweise einnehmen: Wir sind nicht mehr neutral oder ein Gegenüber, sondern wir stehen neben den Patienten oder stellvertretend für sie, um sie zu schützen und auf ihr Leid aufmerksam zu machen.

Das setzt Betroffenheit voraus. Diese steht am Anfang aller Verantwortung. Der Religionsphilosoph Emanuel Lévinas[1] hat sie zum Ausgangspunkt seiner Philosophie des Antlitzes gemacht. Mit dem Begriff des

---

1 Lévinas E (1949/2008)

Antlitzes fasst Lévinas die primordiale Ergriffenheit, die sich angesichts der Ungeschütztheit oder Nacktheit des anderen einstellt. Die Wahrnehmung des leidenden Gesichts überrascht den Wahrnehmenden, ja tut ihm Gewalt an. Sie ist nicht nur präreflexiv, sondern auch vorintentional, d.h. aber auch, dass sie jeder Vorstellung vorausgeht. Sie konstituiert eine ethische Aufgabe, nicht allgemein menschlich gleichsam auf die »Nacktheit des Menschen überhaupt« oder auf die »anthropologische Grundtatsache der Ungeschütztheit« zu reflektieren, sondern sich von der Verwundbarkeit des je einzelnen, unverwechselbaren, individuellen Gesichtes beeindrucken zu lassen, eines Gesichtes, das gezeichnet ist von den Erfahrungen, von dem, was ihm angetan worden ist, auch von den Traumatisierungen, die es erlebt hat. Diese Verantwortung motiviert zu einem therapeutischen Engagement. Natürlich, darüber wird zu reden sein, macht diese Parteinahme eine therapeutische Haltung, die zugleich auf Abstinenz und Neutralität aufbaut, schwer. Aber es ist nicht unmöglich, beide Positionen miteinander zu verbinden.

Stigmatisierung

Können wir denn anders handeln als die Menschen, die psychotisch erleben, zu stigmatisieren? Die Geschichte der Psychiatrie ist eine Geschichte der Ausgrenzung, der Diffamierung, der Gewalt, der Verhöhnung. Der große Hofmaler Francesco de Goya war sich nicht zu schade, in die Irrenhäuser seiner Zeit zu gehen und das Elend der dort untergebrachten abzubilden und dem höfischen und gebildeten Publikum vorzuführen.[2]

Als ich meine Assistenzarztzeit in der psychiatrischen Universitätsklinik Heidelberg absolvierte und begeistert von der differenzierten Psychopathologie war, die dort eine lange Tradition hatte, so war ich gleichermaßen entsetzt zu erfahren, dass die sogenannte T4 Aktion, die Vernichtung

---

2 Schwander M (2021) S. 305

chronisch psychisch kranker Menschen in der Zeit des Nationalsozialismus in dieser Klinik mit konzipiert wurde. Aber erst in den 1970er Jahren fing man an, die unselige Geschichte aufzuarbeiten. Der emeritierte Professor Rauch hatte noch ein eigenes Zimmer in der Klinik und nahm an den forensischen Seminaren regelmäßig teil. Er hatte sich in der Nazizeit durch die Obduktion von Kindern, die der Euthanasie zum Opfer gefallen waren, einen Namen gemacht. Wir wussten es, aber wehrten uns nur zögernd. Stigmatisierung liegt auch dann vor, wenn die, die stigmatisieren, ausgrenzen, töten, gedeckt werden.[3]

In den zwölf Jahren meiner Tätigkeit als ärztlicher Direktor der Psychiatrie Baselland ist es mir nicht gelungen, Fixierungen, die ich immer bekämpft habe, gänzlich abzuschaffen, und ich war mir immer quälend bewusst, dass ich damit die Gewalt fortsetze, die eng mit der Stigmatisierung verknüpft ist. Die Gewalt in der Psychiatrie ist ihrerseits bedingt durch die Versorgungsverhältnisse und somit durch die Ökonomie. Eine ausreichende persönliche und menschliche, mitmenschliche Präsenz kann so viel an Gewaltmaßnahmen einsparen helfen. Psychiatrische Kliniken werden heute auch dadurch stigmatisiert, dass sie im Vergleich zu anderen Kliniken hoffnungslos unterfinanziert sind.

Zu fragen ist freilich, ob wir durch die Art und Weise, wie wir auf psychische Krankheit schauen, ob wir durch den ärztlichen Blick auch an der Stigmatisierung teilnehmen, ohne uns ihr entziehen zu können. Aber wir können hellhörig werden, wenn wir die Menschen mehr zu Wort kommen lassen, die eine psychotische Erlebniswelt durchschritten haben. Im Schweizer Archiv für Psychiatrie, Neurologie und Psychotherapie (SANP), dessen Chefredakteur ich bis Ende 2021 gewesen bin, wurden in den letzten Jahren First-person Accounts veröffentlicht. Wie anders klingt das, was ein Mann von 43 Jahren rückblickend über seine Krankheit schreibt, im Vergleich zu dem, was wohl in seiner Krankenakte steht. Ich zitiere ausführlich, um auch ein Gefühl dafür zu vermitteln, wie sich das psychotische Erleben anfühlen mag und wie viel Wertung in der Diagnostik steckt, die wir gewöhnlich und unausweichlich benutzen. Stellen Sie sich vor, der Herr wäre Ihr Patient, stellen Sie sich vor, was Sie über ihn gesagt oder geschrieben hätten, und vergleichen Sie dies mit der subjek-

---

3 siehe auch Mundt C (2010)

tiven Perspektive des Menschen, der im Rückblick auf seine vor 23 Jahren begonnene schwere psychische Krankheit tatsächlich in der ersten Person, also von sich als Individuum und Subjekt schreibt.

First-person Account

»Ich fühlte mich nicht krank – andersartig fühlte ich mich. Vor allem wegen der Stimmen, die ich hörte. Und das war gut so. Ich vernahm Botschaften wie: ›Du wirst ein Guru werden, ein Wissender, der anderen jederzeit die richtige Hilfe bieten kann‹ oder ›Du wirst die Welt retten‹. Auch spielten Musiker an Konzerten nur für mich, der Nachrichtensprecher sendete mir aus dem Fernseher per Telepathie immer wieder anerkennende Botschaften zu.

Anderen Personen gegenüber fühlte ich mich emotional überlegen. Ich erzählte niemandem, dass ich Stimmen hören konnte. Zu persönlich waren die Botschaften.

Auch in der Klinik schwieg ich weiter, schaute niemandem in die Augen, schüttelte keine Hände. Vor allem nahm ich keine Aufträge an oder führte sie nicht aus. Dieses Verhalten wurde vor allem für mein nächstes Umfeld schwierig. Meine Familie und die besten Freunde besuchten mich über längere Zeit. Ich verhielt mich stumm und in mich gekehrt. Ich benötigte Kraft und enormen Willen, um die Reglosigkeit aufrecht zu erhalten. Später besuchte mich nur noch meine Familie.

Ein Jahr war ich in der Klinik mit ein wenig Sonderbehandlung ›deponiert‹. Vom Arzt ließ ich mich nicht in ein Gespräch verwickeln. Ich wollte mein Leben lang nicht mehr sprechen. Es war für mich zu dieser Zeit nicht schwierig, ohne Sprache zu leben, denn die Angst, ›meine Stimmen‹ zu verlieren, war übermächtig. Diese blieben weiter meine Oasen, weil mir das Leben in der Gesellschaft bereits einige Jahre zuvor zu viel wurde. Stimmen bauten mich auf, wenn ich zuunterst auf der Selbstmitleids-Spirale angekommen war. In der Not suchte ich in diesem Zustand ab und zu Plätze auf, um mich zu suizidieren. Dank der

Stimmen fand ich umgehend in eine euphorische Welt. Zustände der Seele können eben manchmal nicht rational nachvollzogen werden. Das ist gut so. Wo bleibt sonst das Magische, das uns neu inspirieren kann und uns plötzlich wieder staunen lässt?

Heute, 23 Jahre später, lebe ich ein gänzlich anderes Leben. Innerlich bin ich immer noch derselbe, steige in die gleichen Fettnäpfchen, höre manchmal träumerisch den Stimmen zu. Stimmen, die sich verändert haben. Stimmen, denen ich aber entgegentreten kann und für mich glaubhaft zu entkräften vermag.

Warum ich nach vier Jahren wieder zu sprechen begann, würde ich vielleicht in den Worten von Anaïs Nin beantworten: ›Und es kam der Tag, da das Risiko, in der Knospe zu verharren, schmerzlicher wurde als das Risiko zu blühen‹.«[4]

Gehen wir nun im Detail durch, was dieser ehemalige Patient über sich berichtet. Er hat Stimmen gehört, die akustischen Halluzinationen wurden von dem Heidelberger Psychopathologen Kurt Schneider[5] als Symptom ersten Ranges bezeichnet, das lange als wegleitend für die Schizophrenie angesehen worden ist und tatsächlich immer wieder im psychotischen Erleben auftaucht, allerdings heute nicht mehr als pathognomonisch angesehen wird. Ungewöhnlich freilich ist, dass die Stimmen ihn ermutigen, dass sie anerkennende Botschaften aussenden. Sehr oft werden sie in anderen Fällen als bedrängend, befehlend, gängelnd erlebt, manchmal beschimpfen sie auch. Das ist für unseren Patienten anders, er schätzt sie. Bereits diese Aussage gibt zu denken. Wissen wir, wie unsere Patienten das, was wir als Symptom verstehen, selbst bewerten? Wir gehen davon aus, und sehr häufig stimmt das ja auch, dass akustische Halluzinationen, dass Halluzinationen überhaupt, störend empfunden werden. Hier wird etwas anderes ausgesagt, die Stimmen sind wie Oasen, der Patient hat Angst, die Stimmen zu verlieren. Wenn also eine Behandlung, zum Beispiel mit Antipsychotika, dazu führt, dass die Wahrnehmungsstörungen ver-

---

4 Feldmann H (2020), S. 171–172. Abdruck mit freundlicher Genehmigung des EMH Schweizerischer Ärzteverlag.
5 Schneider K (2007)

schwinden, ist es noch nicht gesagt, ob wir dem Patienten damit etwas Gutes tun oder ob wir ihm auch etwas wegnehmen.

Welche Qualität schreibt er den Halluzinationen zu? Offensichtlich sind sie sehr intim, er sagt: zu persönlich. Eine Oase in der Wüste ist ein rettender Ort, ein Rückzugsort, an dem man inmitten der Trockenheit und Hitze der Wüste überleben kann. Der Patient berichtet, dass er sich völlig von anderen abgeschottet hat, er hat niemanden die Hand gegeben, ja er hat niemanden angeschaut, schon gar nicht mit anderen gesprochen. Er hat nichts mehr getan, er beschreibt wohl so etwas wie einen katatonen Zustand, eine Reglosigkeit, in der er subjektiv mit aller Anstrengung verharrt, die er also fast um jeden Preis aufrecht erhalten will. Er merkt, dass die anderen, auch seine Familienmitglieder, ihn nicht mehr verstehen, dass er schwierig für sie wird. Er spricht nicht, wird also in der Fachterminologie der Psychiatrie mutistisch, er verstummt – und das immerhin für vier Jahre, wie nebenher erwähnt wird. Aber was uns seine Worte sehr deutlich vermitteln, das ist, dass er sich auf Biegen und Brechen von anderen zurückzieht. Dieser Rückzug geht sehr weit, so weit, dass er durchaus auch an Suizid denkt.

Er beschreibt es nicht, aber wir wollen es uns fragen, warum er diesen Rückzug wählt. Anders als wenn wir ihn in der Therapie hätten, können wir seine Geschichte, die auslösenden Situationen, die frühen Erfahrungen nicht rekonstruieren. Aber was wir doch mit guten Gründen annehmen können, ist, dass der Rückzug von anderen Menschen entscheidend ist, dass im eigenen Erleben alles darum geht, sich gleichsam ganz auf sich selbst zurückzuziehen und eine eigene Welt aufzubauen, die von der mitmenschlichen Welt der anderen erlöst. Der Schweizer Psychiater, der frühzeitig die Psychoanalyse in sein Denken einbezogen hatte und dem wir den Begriff der Schizophrenie verdanken, Eugen Bleuler, hat den Autismus, also den Rückzug auf das eigene Selbst als den Dreh- und Angelpunkt der Schizophreniediagnose angesehen, als Grundstörung in der Schizophrenie[6]. Die Schwierigkeit, Nähe auszuhalten, den Abstand zu anderen Menschen gut auszutarieren bzw. extreme Maßnahmen zu ergreifen, wenn diese aktivische Formulierung erlaubt ist, um einen Abstand zu finden, in dem der psychotisch lebende Mensch sich sicher fühlen kann, spielt also

---

6 Bleuler E (1911/2014)

offenbar eine entscheidende Rolle im psychotischen Erleben. Wir werden darauf ausführlich zurückkommen.

Führen wir uns noch einmal vor Augen, wie diese Distanz hergestellt wird. Es werden sehr viele basale Kommunikationskanäle verschlossen, zuallererst die Sprache, dann die leibliche Kommunikation, also das körperliche Handeln und Verhalten, ja der Rückzug wird so radikal, dass auch ein Blick nicht mehr möglich ist. Offensichtlich ist das Selbstgefühl, die Sicherheit der eigenen Identität bereits dadurch gefährdet, dass ein anderer Mensch einen anschaut. Umgekehrt betrachtet, setzte der Kranke alles daran, das eigene Selbst zu bewahren.

In ihrem im Jahre 2021 auf Französisch erschienenen und sehr lohnenden Buch haben Conus und Söderström[7] einen treffenden Vergleich gefunden, um den Zustand des »verletzten Selbst« in der Psychose zu umreißen:

> »Um dies zu illustrieren, können wir die Metapher eines Hauses heranziehen, von dem bestimmte wesentliche Stützen gebrochen oder angegriffen sind. Der Wind und die Blätter können in das Haus, das niemals wirklich verschlossen ist, eintreten. Derjenige, der hier lebt, versucht, sich in einem kleinen Zimmer einzuschließen, das kontrolliert, um sich in Sicherheit zu fühlen. Sein Haus ist voll von Dingen, von denen er nicht weiß, ob sie zu ihm gehören oder nicht, und er fragt sich ständig, wer ins Haus eintreten wird. Manchmal hat er sogar den Eindruck, dass es einstürzen wird und er versuchte also zu fliehen.«[8]

Wenige Zeilen später fügen sie hinzu:

> »Die Verletzung des Selbst (das verminderte Selbst) zeigt sich als eine große Verletzlichkeit in der Beziehung zur Welt. Sich verletzlich zu fühlen führt dazu, dass man sich schützen muss und sich zurückziehen muss, um sich gegen äußere Stimuli zu verteidigen. Dieser Rückzug mag einen autistischen Charakter annehmen und damit eine gravierende Einschränkung für die Person darstellen.«[9]

Das, was der Patient als Oase bezeichnet hat, ist das kleine Zimmer, von dem Conus und Söderström sprechen. In der Abschottung und in der halluzinatorischen Welt wird ein Ersatzort geschaffen, eine prekäre Si-

---

7 Conus P & Söderström D (2021)
8 ebenda, S. 76; eigene Übersetzung
9 ebenda, S. 77; eigene Übersetzung

cherheit, die freilich mit enormen Verlusten erkauft ist, was das Alltagsleben und die übliche kommunikative Welt betrifft.

Vier Jahre lang ist der Patient ohne Sprache geblieben, er hat sich an andere nicht gewandt und sich ihren Blicken entzogen. Dann aber hat er es wieder gewagt, und er benutzt das berührende Zitat der durch etliche Romane, vor allem aber durch ihre Tagebücher berühmt gewordenen Schriftstellerin Anais Nin, um den Schritt des Sich-Öffnens zu beschreiben: »Und es kam der Tag, da das Risiko, in der Knospe zu verharren, schmerzlicher wurde als das Risiko zu blühen.«

Wer blüht, zeigt sich den Blicken der anderen, wer blüht, muss nicht mehr all das verstecken, was in ihm ist, sondern er kann es zur Diskussion stellen und zeigen.

Die allmähliche Entwicklung psychotischen Erlebens

Der Patient hat nicht beschrieben, wie er allmählich in diesen Zustand des vollkommenen Rückzuges geraten ist. Immer noch erscheint mir die Beschreibung relevant, die Klaus Conrad aus einer phänomenologischen Sicht zur beginnenden Schizophrenie[10] gegeben hat. Im Vorfeld schizophrener Erkrankungen leiden die Menschen an Veränderungen ihrer gewohnten Erlebnisformen, die Conrad als Trema beschreibt, also als basale Verunsicherung. Die Handlungen erscheinen der Umwelt womöglich unsinnig, sie befremden, etwa wenn die Person in eine tiefe Depression verfällt, die von außen als unmotiviert und daher als schwer einfühlbar angesehen wird. Das Misstrauen gegen andere, zuvor vertraute Personen steigt, eine Wahnstimmung kann das Erleben einfärben. Das Trema verdichtet sich zu der nächsten, der apophänen Phase (apophainesthai = sich offenbaren): Im Erleben des Kranken zeigen sich allmählich die Verände-

---

10 Conrad K (1959/2013)

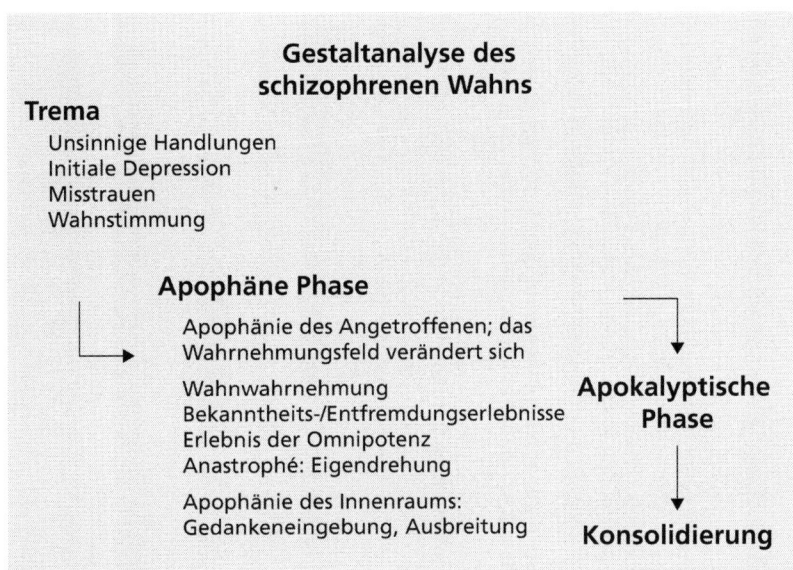

Abb. 1: Gestaltanalyse des schizophrenen Wahns nach Klaus Conrad

rungen des Erlebnisfeldes. Die Wahrnehmungen verändern sich, Wahnwahrnehmungen werden drängender, Bekanntheits- und Entfremdungserlebnisse kommen vor, der Kranke fühlt sich omnipotent, aber aufgrund der Anastrophe, der Zentrierung des Erlebnisfeldes auf die eigene Person, auch verunsichert: Alles lädt sich bedeutungsvoll auf und hält geheime Botschaften für die eigene Person bereit.

Zur Apophänie des Erlebnisraums schließlich gehören Gedankeneingebungen und -ausbreitungen. Wenn sich nun der Wahn enthüllt (apokalyptische Phase), erhalten die Erlebnisse eine neue Bedeutung, freilich eine wahnhafte. Wenn der Wahn sich verstetigt und chronifiziert, tritt – so Conrad – die Phase der Konsolidierung ein.

Diese Beschreibung lässt sich unter dem Gesichtspunkt der Loslösung von der vertrauten Umgebung neu lesen. Am Anfang steht die Entfremdung, der Verlust des Vertrauens in die eigene Wahrnehmung, aber auch in die eigene Umgebung und zu den anderen Personen, die ihrerseits staunen oder befremdet sind. Es folgt die Umkehr der Blickrichtung, die Außenwelt wird bedrängend, überall erscheinen Zeichen und Hinweise, die auf den Patienten selbst gerichtet sind, denn von ihm kann nicht mehr viel ausgehen. Sehr markant wird dadurch das Übermächtigwerden der Außenwelt, die in die Innenwelt eindringt, beschrieben. Das eigene Ich verliert die intentionale Kraft, kann nicht nach außen wirken, sondern fühlt sich zwar im Mittelpunkt, aber doch ausgeliefert. Diese Verletzung des Selbst wird zugleich zu reparieren versucht. Bei dem Patienten hatten wir gesehen, dass er sich zurückzieht, dass er Halluzinationen an die Stelle der Außenwelt setzt, dass er sich vor jeder Berührung mit anderen schützt. Dies gilt umso mehr für den Wahn; Apokalypse ist die Enthüllung, enthüllt wird im Wahn eine neue Wirklichkeit, anders gesagt: Der Wahn baut eine Beziehung zur Außenwelt wieder auf, unter deren Bedingungen sich leben lässt, die erträglich ist, freilich auch mit sehr vielen Opfern verbunden. Zunächst geht der Bezug zur Welt verloren, das ist das Erlebnis eines Weltuntergangs. Der Wahn indes ist der nächste Schritt. Sigmund Freud war der erste, der dies in aller Klarheit gesehen hat, als er den bis heute bekanntesten Selbstberichte eines schizophren erlebenden Menschen, die »Denkwürdigkeiten eines Nervenkranken«, verfasst von Daniel Paul Schreber, analysierte. Freud[11] schreibt zum Wahn:

> »Der Weltuntergang ist die Projektion dieser innerlichen Katastrophe; seine subjektive Welt ist untergegangen, seitdem er ihr seine Liebe entzogen hat. [...]
> Und der Paranoiker baut sie wieder auf, nicht prächtiger zwar, aber wenigstens so, daß er wieder in ihr leben kann. Er baut sie auf durch die Arbeit seines Wahnes. Was wir für die Krankheitsproduktion halten, die Wahnbildung[,] ist in Wirklichkeit der Heilungsversuch, die Rekonstruktion. Diese gelingt nach der Katastrophe mehr oder minder gut, niemals völlig; [...]. Aber der Mensch hat eine Beziehung zu den Personen und Dingen der Welt wiedergewonnen, oft eine sehr intensive, wenn sie auch feindlich sein mag, die früher erwartungsvoll zärtlich war. [...] Was sich uns lärmend bemerkbar macht, das ist der Heilungsvorgang, der die Verdrängung rückgängig macht und die Libido wieder zu den von ihr verlassenen Personen zurückführt.«[12]

---

11 Freud S (1911 c)
12 Freud S (1911 c), S. 307 f.

Grunderfahrungen des Lebens

Der schwerwiegende innere Kampf, der das psychotische Erleben prägt, ist den Menschen, die nicht psychotisch erleben, keineswegs fremd. Die daseinsanalytische Richtung der Psychotherapie hat die ontologischen, also die auf das Wesen des menschlichen Seins gerichteten Bezüge in der Psychose untersucht. Alice Holzhey hat von der Hellhörigkeit[13] gesprochen, mit der psychisch Kranke existenzielle Themen aufgreifen und auf ihre Weise bearbeiten. Im Folgenden will ich einige existenzielle Aufgaben beschreiben, die für uns alle wichtig sind. Es gibt Grundanforderungen des Lebens, die in jeder normalen Entwicklung bewältigt werden müssen. Jede Entwicklung setzt voraus – wenn sie gut gehen soll –, dass bestimmte Grundtatsachen des Lebens[14] anerkannt werden. Diese existenziellen Herausforderungen lassen sich sehr unterschiedlich beschreiben. Ich wähle nun keinen daseinsanalytischen, sondern einen im weitesten Sinne des Wortes entwicklungspsychologischen Ansatz und erwähne ohne jeden Anspruch auf Vollständigkeit einige sogenannte facts of life:

- Die Akzeptanz der Generationen. Jeder Mensch wird in eine Geschichte hineingeboren, in einen sozialen und familiären Zusammenhang. Die Eltern haben das Kind in der Mehrheit der Fälle in einem Liebesakt erzeugt. Sie geben dem Kind die eigene genetische Veranlagung mit. Das klingt selbstverständlich, aber verlangt anzuerkennen, dass wir abstammen, dass es also einen Stamm gibt, der uns vorausgeht. Niemand hat uns gefragt, ob wir als die, die wir sind, existieren wollen. Wir können über den eigenen Ursprung nicht verfügen.
- Damit verbunden ist die Aufgabe, die Abhängigkeit von den Bezugspersonen, später überhaupt von anderen Menschen, zu akzeptieren und zu realisieren, dass andere Schutz gewähren, ernähren und fördern.
- Eine wesentliche existenzielle Dimension des Lebens ist die Zeitlichkeit. Dem Fortschreiten der Zeit kann sich niemand entziehen, die Herrschaft der Zeit ist unerbittlich, und so ist die Zeit auch nie zu greifen,

---

13 Holzhey-Kunz A (2020)
14 Money-Kyrle R (1981)

denn selbst wenn ich über sie nachdenke, vergeht sie schon wieder. Schließlich führt die vorwärts schreitende Zeit zum Tod, dem wir nicht entrinnen können.
- Diese Punkte haben alle mit der Unverfügbarkeit im eigenen Leben zu tun. Das Bewusstsein kann nicht über alle Dimensionen des eigenen Daseins verfügen. Die Philosophie des 20. Jahrhunderts weist aus, dass das Bewusstsein nicht in der Lage ist, sich selbst ganz zu erfassen. das gilt für den Ursprung des Menschen ebenso wie für die Selbsterkenntnis. Immer bleibt ein Rest. Die Tiefenpsychologie beschreibt die Grenzen des Bewusstseins, indem sie ein Jenseits oder Diesseits des Bewusstseins beschreibt, das Unbewusste, dass die Selbstvorstellungen prägt, sodass wir – wie Freud sagte – die Herren im eigenen Hause sind. Es ist nicht allein die Psychoanalyse, die von einem unbewussten Begehren als einem Unverfügbaren handelt. Lust, Begehren, sexuelle Anziehung sind nicht ohne Weiteres steuerbar, sind nicht, ebenso wie viele andere Effekte, durch den Willen und die persönliche Intention jederzeit zu kontrollieren.

Diese Grundtatsachen des Lebens, die anerkannt werden müssen, prägen die Entwicklung. Sie werden von Menschen, die psychotisch erleben oder im späteren Verlauf ihres Lebens psychotisch werden, aber verneint oder nicht verkraftet. So ist das psychotische Erleben auch bestimmt durch eine Verleugnung der Grundtatsachen des Lebens, der facts of life, und damit der Notwendigkeit von Entwicklung.

Eigens ist, gewissermaßen als Kontrahent des Ödipus, in der Mitte des vorigen Jahrhunderts von einem Schweizer Psychiater, Paul Racamier[15], eine mythische Gestalt geschaffen worden, die es in der Antike nie gab, der Antödipus (nicht zu verwechseln mit dem sehr viel berühmteren Anti-Ödipus). Während Ödipus es in der antiken Sage aufnehmen muss mit der Generationenfolge, der bestraft wird dafür, dass er sie zu überspringen sucht, gilt dies alles für den Antödipus nicht. Er ist überzeugt davon, dass er keine Erzeuger hat, sondern sich selbst geschaffen hat. Ein Seher hatte es angeblich gesagt, dass er dazu bestimmt sei, aus sich selbst geboren zu werden. Er lebt in einem Königreich, in das Fremde nicht gehen dürfen.

---

15 Racamier P (1982)

Seine Mutter hat ein Gesetz erlassen, dass keine Wahrheit als solche anerkannt werden soll, auch die Wahrheit über den eigenen Ursprung nicht. In dem Königreich waren Konflikte verboten. Jeglicher Zeitbegriff war seit Langem abgeschafft. Der Mythos beschreibt sehr anschaulich, wie die Grundtatsachen des Lebens, vor allem die Abhängigkeit der eigenen Existenz von den Eltern verleugnet werden. Wenn die Eltern in ihrer Funktion negiert werden, gibt es auch keine Auseinandersetzung mit ihnen. Bei Freud hatte der sogenannte Ödipuskomplex dies ja gerade beschrieben, die inneren Konflikte des Kindes mit der Generation der Eltern, mit ihrer Überlegenheit, mit ihrer elterlichen Beziehung, die es allmählich anzuerkennen gilt.

Die Schwierigkeiten in den Beziehungserlebnissen und Beziehungserfahrungen können die eigene Entwicklung massiv in Frage stellen. Ich will die damit verbundenen existenziellen Erschütterungen anhand eines kasuistischen Beispiels erläutern.

Kasuistisches Beispiel

Frau L. ist heute 30 Jahre alt. Ihre frühe Geschichte bleibt etwas im Dunklen. Sie ist Einzelkind. Die Eltern werden als sehr unterschiedliche Menschen geschildert, der Vater eigenbrötlerisch und ausgesprochen zurückgezogen. Er hat eine sehr schlecht bezahlte Hilfstätigkeit, mit der er die Familie nicht ernähren kann. Die Mutter hingegen wird als modebewusst und aufgeschlossen geschildert, sie steuert den größten Teil des Lebensunterhaltes, der karg ist, bei. Vielleicht ist in dieser Diskrepanz schon ein früher Belastungsfaktor enthalten, weil Frau L. die Eltern als Paar gar nicht sehen und erleben kann. Die Familie wohnt am Rand des Dorfes, sie ist auch im übertragenen Sinne randständig, steht am Rande der Dorfgemeinschaft. Als Kind fühlt sich Frau L. häufig gehänselt. Sie zieht sich zurück, wenn es Spiele mit Jungen und Mädchen gibt. In der Pubertät zieht sie sich noch weiter zurück, sie geht schließlich nicht mehr zur Schule, obwohl sie in der Schule gut gewesen war. Sie lebt nun zwei Jahre lang fast ausschließlich in ihrem Zimmer, die Eltern versorgen sie. In der Therapie wird sie berichten, wie sie die Zeit verbracht hat. Sie hat sich eine Gedankenwelt aufgebaut, durchaus angenehm und schön, sie hat eine gehobene Position, die es ihr er-

1. Vorlesung Grundlagen – das psychotische Erleben

möglicht, über andere zu bestimmen, sie nach eigenen Wünschen einzusetzen. Sie sieht sich als weltberühmte Schauspielerin, die über die besten Schauspieler gebietet, in der eigenen Fantasie dreht sie einen Film nach dem anderen.

Nach etwa zwei Jahren wird sie gleichsam gezwungen, sich wieder dem äußeren Leben zu stellen und eine Wiedereingliederungsmaßnahme mitzumachen. Massive soziale Ängste verunmöglichen erst zunächst, mit anderen Menschen überhaupt in einen nahen Kontakt zu treten. Ihr eigenes Selbst ist fragil, sie entwickelt einen dysmorphophoben Wahn. Etwas sei mit ihrer Nase nicht in Ordnung, schließlich bringt sie die Eltern und die Ärzte im jungen Erwachsenenalter dazu, dass sie sich einer Kieferoperation unterziehen darf, die allerdings gar nichts bringt.

Der Mythos des Antödipus kann die innere Befindlichkeit, die Stabilisierung des Selbst bei Frau L. ansatzweise beschreiben. Offensichtlich hat sie sich eine Zeit lang in einem Universum, in dem Entwicklung nicht mehr vorgesehen ist, bewegt. Sie muss sich über zwei Jahre hin nicht damit auseinandersetzen, dass sie sich nicht selbst ernähren kann, dass sie ganz existenziell von den Eltern abhängt, da sie das Haus ja nicht verlässt und natürlich kein Geld verdient. Subjektiv aber hat sie es nicht nötig, das ist die Größenidee, sie braucht keine Ausbildung, sie muss sich nicht messen und vergleichen mit anderen, die mühsamen Kämpfe, die sie noch aus der Schulzeit kennt, sind unnötig. In der Größenidee stabilisiert sich das Selbst, indem es die anderen überflüssig macht.

Interessant ist in diesem Zusammenhang der Abstammungswahn. Frau L. hat ihn gleichsam gar nicht nötig, da er sich in der eigenen Fantasie selbst erschafft. Andere Patienten kreieren eine neue Genealogie, die in scharfem Kontrast zu den eigenen Lebensverhältnissen steht, etwa wenn sie für sich selbst eine andere Herkunft erschaffen, sie stammen dann aus sehr viel besseren Verhältnissen, sind Königskinder oder zumindest Nachfahren immens reicher Persönlichkeiten. Auch dieser Abstammungswahn hat das gleiche Ziel: Als Königskind habe ich das Privileg der Königseltern, ich muss das Privileg nicht erwerben, ich bin von vornherein ausgezeichnet, ich bin so wohlhabend, dass ich mich um meine eigene Existenz gar nicht mehr zu kümmern brauche.

Frau L. kann in vielerlei Hinsicht als ein Beispiel für weitere Charakteristika einer psychotischen Entwicklung gelten. Besonders auffällig ist die Angst in den Beziehungen, die sich nach der Zeit des globalen Rückzugs entwickelt und die darauf hinweist, wie groß die Angst vor anderen wohl damals schon gewesen ist. In der Zeit des psychotischen Erlebens hatte sie sich von anderen sehr radikal zurückgezogen, sie hat alle Beziehungen (außer zu ihren Eltern) über Jahre aufgegeben.

Nicht von ungefähr fängt bei Frau L. die psychotische Entwicklung mit der Pubertät an. In dieser Zeit entwickelt sich die Sexualität, in der Adoleszenz aber werden auch die Anforderungen an die selbstständige und eigenverantwortliche Lebensführung immer größer. Offensichtlich ist es besonders gefährlich, ein sexuelles Begehren, das sie ja in die Nähe von anderen bringen könnte, zu spüren. Sie zieht sich zurück, sie schaut sich nicht um – aber die eigenen Blicke werden projiziert, sie fühlt sich beobachtet, hat das Gefühl, dass alle auf sie und in ihr Gesicht schauen und sie verlachen.

Was die Entwicklung des eigenen Selbst betrifft, so wird diese nicht gänzlich aufgegeben. Auch in der fast völligen Einsamkeit entwickelt Frau L. ein reiches Fantasieleben, das ganz mit Größenvorstellungen ausgefüllt ist. Ist in der Realität der Beziehungen die Balance zwischen Selbstwert und Objektwert zu den eigenen Ungunsten verschoben, sodass sie sich wertlos im Vergleich zu anderen fühlt, dreht die wunscherfüllende wahnhafte Fantasie die Verhältnisse um, sie steht im Mittelpunkt, sie ist diejenige, um die sich alles dreht.

Wenn Abhängigkeiten so radikal verleugnet werden, wird den anderen auch jede Fähigkeit, die man vielleicht selbst nicht hat, abgesprochen. Nicht einmal mehr Neid auf das, was andere können, macht sich dann noch bemerkbar. Eine vergleichbar triumphale Selbstgenügsamkeit finden wir klinisch unter Umständen auch bei den narzisstischen Persönlichkeitsstörungen. Auch an die manische Abwehr ist hier zu denken, sie lässt sich oftmals so verstehen, dass der manische Mensch sich gegen jede Form der Abhängigkeit wehrt.

Heute leidet Frau L. sehr stark darunter, dass sie mehrere Jahre ihres Lebens gleichsam verschenkt hat. Das wird aber dem Zustand, in dem sie war, nicht gerecht. Denn wie im Mythos vom Antödipus beschrieben, war das Zeiterleben aufgehoben. Aufschlussreich sind in diesem

Zusammenhang die sog. Residualverfassungen, aber auch bestimmte Erlebnisweisen in der Schizophrenie, die bis vor kurzem als Hebephrenie oder Schizophrenia simplex bezeichnet worden sind. Sie lassen sich am besten verstehen durch eine Analyse des Zeiterlebens. Die subjektive Zeit erscheint im Erleben des Kranken wie angehalten, sodass ein Tag wie der andere vergeht, daraus aber unter Umständen gar kein Leiden entsteht, sondern eine in der pejorativen Sprache der Psychiatrie als läppisch bezeichnete unbekümmerte Gegenwärtigkeit.

Der Körper und das eigene Selbst

Denken wir noch einmal an die Geschichte von Frau L. zurück. Sie gibt nach über zwei Jahren den globalen Rückzug auf, aus Gründen, die nicht vollständig klar sind. Sie wird wohl eher aus dem selbst gebauten Universum vertrieben, als dass sie den Wunsch verspürt hätte, eine Knospe aufgehen zu lassen. Nun erst offenbart sich, wie angegriffen das eigene Selbst ist. Den Rückzug aufgeben heißt, wieder unter die Menschen zu gehen, und in diesen Kontakten ist sie fundamental verunsichert. Die soziale Phobie ist tiefgreifend. Jetzt kommt der eigene Körper ins Spiel, in dem dysmorphoben Wahn. An dieser Stelle erneut ein kleiner Umweg über die Psychologie der »Normalen«.

Wie erleben wir normalerweise unseren eigenen Körper? Wir verfügen über ein Körperbild, das die aus unterschiedlichen Quellen stammenden Körpersensationen zusammenfügt und zusammenhält.[16] Es ist keineswegs statisch und stabil, es muss immer neu gefestigt werden. Wie schnell sich das Körperbild verändern kann, das erfahren wir in der körperlichen Krankheit, aber auch bereits, wenn wir müde sind. Das emotionale Verhältnis zum eigenen Körper, die affektive Besetzung von Körperteilen, Körperfunktionen oder dem Aussehen als Ganzem ist ein wichtiger Indikator für das Wohlgefühl. Auch wenn die abendländische Tradition Körper

---

16 Küchenhoff J & Argawalla P (2013)

und Seele in der Neuzeit als zwei Bereiche, die voneinander getrennt sind, aufgefasst hat, so ist doch klar, dass das menschliche Leben eine Einheit bildet und Körper und Seele normalerweise aufeinander bezogen sind.

Körperbild

- Integrative psychische Struktur, die sich inhaltlich wandelt, aber
- in jeder Entwicklungsperiode die Aufgabe hat, die Erfahrungsebenen körperlicher Reifung, körperlicher Interaktion und emotionaler Zustände zu integrieren und mit Fantasien, Wünschen und Gedanken zu verbinden,
- eine dynamische psychische Struktur, die die Teilaspekte des Körpererlebens immer neu zu einer Struktur des Erlebens verdichtet.

Wie steht es nun um die Integration des Körperbildes in der Psychose? Häufig beschrieben wurde, dass der Körper im psychotischen Erleben als »zerstückelt« erscheint, als zerfallen, dann fehlt das integrierende Körperbild, dann können die Wahrnehmungen von Teilen und des ganzen Körpers nicht mehr in ein Gleichgewicht gebracht werden. Die Folge kann sein, dass einzelne Körperteile losgelöst und unverbunden erlebt werden, dadurch natürlich unheimlich werden, zumindest hypochondrisch-ängstlich besetzt werden. Pankow hat in ihrem grundlegenden Werk zur Behandlung der Psychose im Ausgang vom zerstörten Körperbild als eine der Grundfunktionen des Körperbildes das Verhältnis von Teil und Ganzem beschrieben[17], das in der Psychose gestört ist. Die Katatonie legt Zeugnis davon ab, wie radikal die Lebendigkeit des erlebten Körpers insgesamt in der psychotischen Erlebensweise eingeschränkt oder aufgehoben sein kann. Das gilt ebenso für die schwere psychotische Depression, in der der nihilistische Wahn so weit reichen kann, dass der Körper gar nicht mehr vorhanden erscheint.

Bei Frau L. ist es so, dass die Fragilität des eigenen Selbst ganz körpernah erlebt wird. Es ist die Nasenpartie, die missgebildet ist bzw. als missgestaltet empfunden wird. Das Mittelgesicht als ein Körperteil wird überwertig, alle

---

17 Pankow G (1974)

Blicke richten sich in sozialen Situationen auf die scheinbar missgebildete Nasenpartie. Die Selbstbeobachtung des Gesichtes im Spiegel nimmt viel Zeit in Anspruch. Die Gefährdung des Selbst drückt sich hier als Gefährdung des subjektiven Körperbildes aus. Die imaginierte Pathologie des Körpers beschreibt die Psychopathologie des Selbst.

Gleichzeitig aber hat der dysmorphophobe Wahn eine entlastende Funktion. Immerhin erlaubt er es, den vorher globalen Rückzug aufzuhalten. In diesem Sinne gilt es zu beachten, dass der Kiefer, das besondere Körpererleben bzw. der leidvolle oder fremdartig erscheinende Umgang mit dem eigenen Körper eine Funktion erfüllt, nämlich der Stabilisierung der Erlebniswelt dient. Der Rückzug auf den eigenen Körper ist dann ein Versuch, das eigene Selbst zu stabilisieren und zusammen zu halten. Dieser Gedanke lässt sich generalisieren. Daher rühren zum Beispiel die manchmal bizarr und erschreckend anmutenden Selbstverletzungen psychotisch kranker Menschen; sie sind oft gerade nicht destruktiv, sondern ein Versuch, sich selbst wieder zu erfahren.

Mit anderen Worten: Die Ebene des Körpererlebens ist zweideutig. Der Verlust der persönlichen Identität, der ganzheitlichen Selbstvorstellung kann sich am Zerfall des Körpererlebens manifestieren. Anderseits kann aber gerade die Überbesetzung des eigenen Körpers ein erster Versuch der Reintegration sein. Schließlich ist zu beachten, dass wir mit den Beschreibungen arbeiten, die die Patientin uns zu ihrer Erkrankung und ihrem Körper gibt und zur Verfügung stellt.

2. Vorlesung
Psychodynamik und Beziehungsdynamik des psychotischen Erlebens

Zu Beginn möchte ich noch einmal erinnern an die am Ende der ersten Vorlesung vorgestellte Kasuistik, die von Frau L. handelte, die sich in der Adoleszenz jahrelang zurückgezogen hat, um sich eine eigene Welt aufzubauen, die imaginär ist, also nur in der Fantasie besteht und keinen Bezug mehr zur geteilten Wirklichkeit, zur anerkannten symbolischen, zwischenmenschlich akzeptierten und sozial geregelten Ordnung hat. Wir hatten bereits zuvor einen Umweg gemacht, nun will ich ihn erneut nehmen, indem ich bei der Normalpsychologie beginne. Psychotische Störungen sind ein Vergrößerungsglas: Sie machen uns darauf aufmerksam, welche integrativen Aufgaben alle Menschen jederzeit und immer erbringen. Aus dem Fehlen oder dem Entgleiten einer Funktion oder einer Fähigkeit wird deutlich, was normalerweise mit dieser Fähigkeit verbunden ist. Psychopathologie erhellt in diesem Sinne die Psychologie. Das wollen wir zunächst am Beispiel der Selbst-Objekt-Differenzierung weiterverfolgen. Wir wollen auch jetzt den Schwerpunkt legen auf die Beziehungen oder die Schwierigkeiten, Beziehungen zu leben, und wie das erschütterte Selbst sich selbst zu stabilisieren versucht. Damit verfolgen wir eine psycho- und beziehungsdynamische Perspektive.

Einleitend will ich Ihnen erläutern, von welchem Erfahrungshorizont ich spreche. Heute bin ich in freier psychotherapeutischer Praxis tätig, in der ich auch psychotisch erlebende Menschen behandle. Bis 2018 habe ich als Psychoanalytiker eine große psychiatrische Institution, die Psychiatrie Baselland, geleitet, von dort stammen die meisten Erfahrungen, die ich durch Begegnungen im Rahmen des stationären Aufenthaltes in der Klinik gemacht habe. Meine Leitungserfahrung hat mich in der Überzeugung bestärkt, dass eine psychotherapeutische Grundhaltung, aus welchem psychotherapeutischen Grundmodell sie auch erwachsen mag, nicht nur für die psychotherapeutischen Einzelkontakte entscheidend wichtig ist, sondern für alle in der Psychiatrie relevanten Settings, und auch für alle Patienten und Patientinnen, die in eine Klinik kommen und in der Akutstation behandelt werden. Für mich selbst ist dabei die psychoanalytische Haltung entscheidend, die ich von der therapeutischen Technik unterscheide. Viele Techniken lassen sich in den ungewöhnlichen Situationen nicht anwenden, das Denken in psychotherapeutischen oder psychodynamischen Kategorien aber ist überall nützlich.

Die Nähe-Distanz-Dilemmata

Ganz zentral für das Verstehen der Psychose, vor allem in der schizophrenen Psychose ist es, das Nähe-Distanz-Dilemma in Beziehungen zu verstehen. Um es richtig zu verstehen, ist ein Umweg notwendig, den wir auch in den nächsten Tagen immer wieder beschreiten werden. Wir nähern uns der Psychopathologie, indem wir erst einmal die Herausforderungen beschreiben, die sich uns allen stellen. Werfen wir dazu ein Blick auf die Entwicklungspsychologie.

In der normalen Kindesentwicklung – folgt man den epochalen Forschungen von Daniel Stern – entwickelt sich frühzeitig ein Selbst, das sich fortlaufend konturiert, strukturiert und sich im Erleben von seiner Umwelt abgrenzt. Während nach Stern die Erfahrungen mit der unbelebten Umwelt, mit Räumen und Gegenständen also, relativ gleichförmig und realitätsadäquat abgebildet werden, werden Beziehungserfahrungen ausgesprochen vielfältig und individuell verarbeitet. Die Interaktionserfahrungen werden als »Schemata des Zusammenseins« oder »Schemata des Zusammenseins mit Anderen«[18] gespeichert, die in unterschiedlichen Erfahrungsmodalitäten repräsentiert werden: als sensomotorische Schemata, also körperlich durch sensible Afferenzen und motorische Efferenzen, als Wahrnehmungsgestalten, d.h. durch die Sinnesorgane, als symbolische

---

18 Stern D (1995)

Konzepte durch den Verstand und schließlich als Erinnerungen und Erzählungen durch das sprachliche Selbst.

Entscheidend ist nun, wie sich Selbstkonzepte und Schemata des Zusammenseins im Verhältnis zueinander entwickeln. Wie ich mit anderen zusammen bin, prägt meine eigene Persönlichkeit, meine Selbstsicht, mein Selbstgefühl, und umgekehrt: Meine Persönlichkeit beeinflusst, wie ich mit anderen zusammen sein kann. So entsteht eine besonders wichtige Polarität, die aufgebaut wird von der Spannung zwischen dem Bezug auf andere und dem Bezug auf das eigene Selbst. Auf der einen Seite stehen Identität, Selbstständigkeit und Autonomie, aber auch Isolierung und Einsamkeit, auf der anderen Seite Bindung, Nähe, aber auch Abhängigkeit und Symbiose. Die Operationalisierte psychodynamische Diagnostik baut in ihrer Strukturachse die Persönlichkeitsstruktur auf dieser Polarität zwischen Selbst- und Objektbezug auf.

Das Gleichgewicht von Selbstbild und Fremdbild, von Nähe und Distanz kann sich allerdings stark verschieben, diese Vereinseitigungen in der Polarität sollen nun beschrieben werden.

- Das Gefühl der Nähe, das sich steigern kann bis zur Verschmelzung und dem Verlust der Ichgrenzen, steht dem Pol der Isolation und Bezugslosigkeit und Einsamkeit gegenüber. Wie gut kann ich allein sein? Wie gut kann ich mit anderen zusammenleben? Wie kann ich meine eigene Identität ausbilden in der Bezogenheit, aber auch in der Abgrenzung zu anderen? Eine eigene Identität, ein sicheres Selbstgefühl kann sich nur herausbilden, wenn ich dieses fundamentale Problem von Bezogenheit und Alleinsein, von Nähe und Distanz gut austarieren kann.
- Dazu gehört sehr stark, ob ich den anderen in seiner eigenen Persönlichkeit gleichsam objektiv sehen und, indem ich mich in ihn einfühle, in seiner Subjektivität erfassen kann, oder ob ich den anderen, das Gegenüber, den Mitmenschen mit meinen eigenen Vorstellungen, Wünschen, Ängsten überfrachte. Nur wenn ich dies nicht tue, werde ich ihn als anderen und in seiner Andersheit ernst nehmen und achten können.
- Wiederum eng damit verknüpft ist ein anderes Dilemma, das ich zu lösen habe; ein Dilemma, das der Frankfurter Psychiater und Psycho-

analytiker Stavros Mentzos als das Dilemma zwischen Selbstwert und Objektwert beschreibt.[19]
- Entwicklung ist Differenzierung, Loslösung kann – denken wir an die großen Probleme, die die Adoleszenz in der Entwicklung des Menschen aufwirft – als Aggression erlebt werden, sei es wegen einer starken aggressiven inneren Spannung, sei es weil andere dies widerspiegeln und auf Loslösungsschritte mit Betroffenheit oder Ablehnung reagieren. Dann kann Loslösung mit großen Ängsten verbunden sein, die wichtigen Bezugspersonen zu kränken oder sie sogar zu verlieren. Helm Stierlin, der Pionier der Familientherapie, der im September 2021 verstorben ist und in den ich hier mit Hochachtung erinnern möchte, hat von »bezogener Individuation« gesprochen.

In der christlichen Ethik heißt es, der Menschen solle seinen Nächsten lieben wie sich selbst. In diesem Fall sind Selbstwert und Objektwert einander gleichwertig. Knüpfen wir wieder an das narzisstische Erleben an, um zu verdeutlichen, was hier gemeint ist: Sich auf Kosten anderer zu stabilisieren, sich des eigenen Wertes zu vergewissern, indem andere entwertet werden, findet sich oft bei narzisstischen Persönlichkeitsstörungen.

Dilemmata der Selbst-Objekt-Differenzierung in der Psychose

Offenbar ist es dem später psychotisch Kranken irgendwann (ich lasse offen, wann) in der eigenen Entwicklung schlecht oder nicht möglich gewesen, die Polaritäten zu ertragen, die sich aufspannen zwischen Verschmelzung und Einsamkeit, Vereinnahmung (Besetzung) und Gehenlassen (Anerkennung), Selbstliebe und Objektliebe, Liebe und Destruktivität. Es entstehen, wie Mentzos dies genannt hat, Dilemmata, aus denen sich die

---

19 Mentzos S (2009)

Menschen sehr schlecht befreien können (▶ Tab. 1). Das kann daran liegen, dass Entwicklung, also Differenzierung, Eigenständig-werden sich wie eine Trennung, wie ein Abschied für immer angefühlt hat, und zwar einer, der schlimmstenfalls die ganze Beziehung zerstört, sodass es kein Jenseits des Verlustes oder der Einsamkeit geben kann. Das Selbst hat Angst davor, dass es sich gleichsam losreißen muss vom Objekt, und im Wort »losreißen« ist bereits enthalten, dass Individuation in diesem Fall als etwas Zerstörerisches erlebt wird. Entscheidend bei jeder Loslösung und Trennung ist es, dass das Gegenüber, die wichtigen Bezugspersonen nicht gekränkt sind, sich nicht ihrerseits zurückziehen, das Kind, das sich abgrenzt, strafen, etwa durch Liebesentzug.[20] Sonst richtet der aufkeimende Wunsch nach Verselbstständigung – aus der eigenen Fantasie heraus gesprochen – einen endgültigen Schaden an.

Tab. 1: Wichtige Konzepte von Stavros Mentzos

Konzepte	Konsequenzen
Funktionalität psychischer Störungen	• Psychische Störungen sind nicht (nur) Ausfallserscheinungen oder Defizite oder Dysfunktionalitäten. Sie sind auch in ihrer Dysfunktionalität funktional.
Verhältnis von Grundstörung und psychischer Abwehr	• Psychische Störungen stehen in einem Zusammenhang, weil sie alternative oder komplementäre Abwehrreaktionen auf ähnliche Grundprobleme darstellen. • Abwehrmodi sind nicht mit einem bestimmten Konflikt verbunden.
Dilemmatische Situationen, z. B. in Schizophrenie	• Je mehr der/die Schizophrene sich vor dem Objekt schützt, umso weniger kann er/sie neue Erfahrungen machen. • Je mehr er/sie soziale Fertigkeiten verliert, desto seltener macht er/sie korrektive Beziehungserfahrungen.

Wie sehr das Verhältnis zwischen dem Selbst und dem anderen bedroht ist, lässt sich ablesen an den psychotischen Symptomen. Schon zu Beginn einer sich entwickelnden Psychose kann sich ein Erleben leidvoll bemerkbar

---

20 Küchenhoff J (2005)

machen, was der Phänomenologe und Psychiater Wolfgang Blankenburg als »Verlust der natürlichen Selbstverständlichkeit«[21] anschaulich beschrieben hat. Wir verfügen normalerweise über ein selbstverständliches Lebensgefühl, das uns in unsere soziale Umwelt situiert und in dem wir uns, ohne dies hinterfragen zu müssen, natürlich wohlfühlen. Es ist bedrohlich, wenn diese Selbstgewissheit ins Wanken gerät. Auf der anderen Seite, auf der Seite der sozialen Umwelt, können plötzlich Bedrohungsgefühle überhandnehmen, die sich als Beeinträchtigungs- oder Beeinflussungsideen äußern.

Wir können nun einige der Symptome, die wir psychopathologisch der Psychose zuordnen, als Reaktionen verstehen.

Als ein solcher Schutz kann die Selbstaufgabe angesehen werden, das Aufgeben der eigenen Intentionen, des eigenen Willens und damit der eigenen Entwicklungschancen, sodass sich keine eigene Identität mehr entwickelt. Diese Schutzmaßnahme kommt uns dann als ein Teilsymptom des psychotischen Erlebens entgegen. Klinisch ist an die Diagnosen Hebephrenie oder an die sogenannte Schizophrenia simplex zu denken, die beide – anders als im ICD-11 – im ICD-10 noch enthalten sind und die – wiederum in der abwertenden psychiatrischen Nomenklatur gesprochen – durch ein Versanden oder eine Affektverflachung charakterisiert sind.

Eine andere Reaktion als der Selbstverlust ist die Aufgabe der Objektbeziehung. Wenn die Objektbeziehung einen tragfähigen Verlust, einen geschützten Mangel, einen Freiraum, der die Voraussetzung für die Entwicklung ist, nicht einräumen kann, dann hat das große Folgen. Die Furcht vor dem Objekt, die verbunden ist mit der Angst, sich von ihm nicht mehr abgrenzen zu können, führt zum – psychoanalytisch gesprochen – Besetzungsentzug des Objektes und möglicherweise zu der kompensatorischen Überbesetzung des eigenen Selbst. Mit A. Green sprechen wir besser von der Desobjektalisierung, also von der Zerstörung der Objektbeziehung in der Psychose.[22] Wenn die Angst übergroß wird, vom Objekt verlassen zu werden, plötzlich allein zu stehen, dann wird die Beziehung gar nicht mehr gesucht, dann wird der Weg zum anderen gar nicht mehr gewagt, stattdessen zieht sich das Subjekt ganz in sich zurück. Eugen

---

21 Blankenburg W (1971)
22 Green A (1983)

Bleulers Grundsymptom der Schizophrenie[23], den Autismus, hatte ich bereits beschrieben. Freud hatte die Schizophrenie für psychotherapeutisch nicht heilbar angesehen, weil er den Rückzug so beschrieb: Die Libido, also die psychosexuelle Energie, wende sich ganz vom Objekt ab und nur noch auf das eigene Selbst, sodass eine therapeutische Beziehung, in der Psychoanalyse: eine Übertragungsbeziehung, nicht mehr möglich ist. Immer geht es darum, dass der Schutz der eigenen Integrität Rückzug gesucht wird.

Weniger radikal als die Auflösung der Beziehung zum anderen ist die Veränderung der Einstellung. Wenn das Subjekt befürchten muss, dass vor allem die eigenen aggressiven Impulse das Objekt treffen, aber durchaus auch liebevolle Impulse, die als ganz unangebracht und zerstörerisch erlebt werden, dann muss es sich vielleicht nicht ganz vom Objekt zurückziehen. Es wird aber an seinen eigenen Einstellungen etwas ändern. Sie sind ja so gefährlich, weil sie dem eigenen Selbst zugehören. Dementsprechend ist es leichter, die eigenen Emotionen zu verdrehen oder die Position umzukehren; dann werden die heftigen aggressiven oder liebevollen Gefühle – das ist die Bedeutung der Projektion – in das Objekt hinein verlagert, sie werden im eigenen Erleben gar nicht erkannt, sondern nur im Objekt wiedergefunden – mit der Möglichkeit, sich dann vor dem projektiv aufgeladenen Objekt, das im Liebes- oder Verfolgungswahn bedrängend zu werden droht, zu schützen.

Therapie auf der Suche nach dem Selbst im psychotischen Erleben

Ich will noch einmal verdeutlichen, welche Intention alle meine Ausführungen anleiten. Wenn wir davon ausgehen, dass aufgrund der schwerwiegenden Störungen im Gleichgewicht von Nähe und Distanz, im Ab-

---

23 Bleuler E (1911)

stand von Selbst und Objekt das Selbst immer wieder gefährdet ist, ja dass es zerbricht, dann können wir den Wahn, den wahnhaften Umgang mit dem eigenen Körper und andere Symptome nicht nur als Defizit und Pathologie sehen.

Ich erinnere an dieser Stelle an die Wahnentwicklung bei Frau L. Sie hat ihre idealen Bilder in den Größenvorstellungen des Größenwahns untergebracht. Auf diese Weise hat sie sich von den Erniedrigungen, die sie in der Realität erlebt, gleichsam freigemacht. Sie hat sich aus allen Abhängigkeiten gelöst, nicht real, aber in der eigenen Vorstellungswelt. So enthält ihr Größenwahn eine Vorstellung, wie das Leben sich für sie lohnen könnte, wie sie sich selbst verwirklichen könnte, wobei hinzuzufügen ist, dass sie in ihrem Intelligenzniveau und ihren Begabungen die Eltern sehr überflügelt. Der Wahn drückt aus, dass sie sich ihnen mit guten Gründen überlegen fühlt, gleichzeitig aber wird diese Überlegenheit in keiner Weise ausgespielt, es gibt keinen Konflikt, keinen Kampf, keine Ablösung in der Realität.

Ich möchte an dieser Stelle richtig verstanden werden: Selbstverständlich geht es darum, die schwerwiegende Psychopathologie in der Psychose, vor allem der Schizophrenie, nicht zu verharmlosen. Gaetano Benedetti, mein verehrter Vorgänger auf der Professur für Psychiatrie und Psychotherapie der Universität Basel, hat von der »negativen Existenz« oder den »Todeslandschaften der Seele«[24] gesprochen, um das unendliche Leid zu betonen, das in psychotischen Störungen enthalten ist. Tabelle 2 fasst wichtige Erkenntnisse von Benedetti zusammen.

Tab. 2: Wichtige Konzepte von Gaetano Benedetti

Konzepte	Konsequenzen
Kommunikative Psychopathologie	• Psychopathologie nicht als nur objektivierende Lehre vom psychisch Abnormen, sondern als • Lehre von den Ausdrucksformen der Subjektivität unter den Bedingungen schweren Leidens und von den Möglichkeiten ihrer therapeutischen Umwandlung

---

24 Benedetti G (1983, 2002)

Tab. 2: Wichtige Konzepte von Gaetano Benedetti – Fortsetzung

Konzepte	Konsequenzen
	• Psychopathologie nicht als Anzeichen einer zerstörten Innenwelt, sondern als Mitteilung • Sich-Eindenken in die Sprache des Patienten und Übernahme seiner Formulierungen, um sie als Welt- und Selbstdeutung ernst zu nehmen.
»Positivierung«	• Grundhaltung des Therapeuten • verleugnet weder Leid noch Pathologie, aber das Leid wird nicht feststellend objektiviert und damit verdoppelt, sondern anerkannt und zugleich aufzuheben versucht • Haltung strikter kommunikativer Anerkennung der Person des Patienten • Symptom als Verdichtung der Subjektivität des Patienten • Je schwerer krank der Patient ist, umso mehr wird das psychopathologische Symptom selbst zum letzten Ort, an dem sich diese Subjektivität äußern kann.
»Übergangssubjekt«	• Therapeutische Identifizierung mit dem Erleben des Patienten • Temporäres Eintauchen in die psychotische Welt

Zugleich aber, davon bin ich überzeugt, braucht es – und dies gilt nicht nur für die Psychosentherapie – einen verstehenden Zugang zur Symptomatik selbst. Mein Vorschlag ist es, psychotische Symptome als Versuche zu werten, das eigene Selbst zu stabilisieren. Manches Handeln, z. B. Selbstverletzungen, manche Wahrnehmungen, z. B. das Stimmen-Hören, können als Akt verstanden werden, der dazu dient, ein Selbstgefühl überhaupt herzustellen. Zu fragen ist stets, ob im Symptom, im scheinbaren Defizit, selbst ein Ausdruck verborgener Subjektivität, die nicht gelebt werden kann, und ein Versuch der Selbsterhaltung oder -konstituierung enthalten ist. Die Frage nach dem Sinn eines Symptoms ist zugleich die Frage, ob in der Krankheit sich auch die Subjektivität des psychotisch kranken Menschen äußert. Ich schließe mich hier den Gedanken von Stavros Mentzos an. Mentzos[25] betont die Funktionalität psychischer Störungen: Er begreift psychische Vorgänge nicht von ihrer Ursache, von ihrem Bedingungsgefüge her, sondern er versteht sie finalistisch, also auf ein bestimmtes Ziel hin orientiert. Außerdem geht er davon aus, dass die Konfliktlösungen, nicht die Konflikte selbst, für bestimmte Krankheitsformen charakteristisch sind. Damit verbunden ist die Grundannahme, dass ein Teil der Persönlichkeit die Krankheitssymptome prägt, die also nicht Zerfallsprodukte sind, sondern Ausdrucksformen eines Selbst oder einer Persönlichkeit.

Sprachzerstörung – die Suche nach dem Selbst in den Worten

Spielen wir diesen Gedanken an einem anderen Symptombereich durch, der eine große Rolle für die Psychopathologie der Psychosen spielt, nämlich die Zerstörung der Sprache oder der Verlust der Sprachfunktionen. Die psychiatrische Nomenklatur hält viele Begriffe bereit, die zum Teil abwertend klingen, etwa wenn von »Wortsalat« die Rede ist. Wenn es richtig ist, dass die Sprache der Kranken nicht nur einfach fragmentiert ist, sondern auch ein Ort sein kann, an dem sich die Subjektivität, ein Stück der zu schützenden persönlichen Eigenheitssphäre verbirgt, so gilt es, in einer besonderen Weise zuzuhören, was uns die Patienten sagen können. Auch wenn die Worte verworren erscheinen, auch wenn sie schizophasisch wirken, so sind sie doch ernst zu nehmen und nicht einfach abzutun. Das gleich gilt für die Sprechaktsituation, also die Art und Weise, wie jemand kommuniziert, denn er baut damit eine interaktionelle Szene auf, die es zu verstehen gilt. Da die eigenen gedanklichen Möglichkeiten des Kranken eingeschränkt sind – sonst wäre er ja nicht krank – ist es für den Therapeuten oder die Therapeutin wichtig, umso mehr die eigenen Verständnisfunktionen zur Verfügung zu stellen.

---

25 Mentzos S (2009)

Fallbeispiel

Herr Z. leidet seit über 30 Jahren an einer chronischen Schizophrenie, er hat zugleich ein schweres Herzleiden, das Herr Z. aber ignoriert und das unbehandelt bleibt. Er spricht fast nie, und wenn, dann betont er, dass er völlig gesund sei. Er lebt zurückgezogen, kann seit fast 30 Jahren seinem Beruf, dem eines Chemikers, nicht mehr nachgehen. Der Kontakt mit ihm ist anstrengend, weil Herr Z. gar nicht kommunizieren will. Wenn er mit mir spricht, passen seine Worte haargenau in das – schlechte – Schema eines Dialogs zwischen einem Anstaltspsychiater und einem chronischen Patienten. Als ich ihm das sage, schaut er mich an: Er schaut immer nur dann auf, wenn er überhaupt in Kommunikation treten mag. Das macht es auch wieder leicht, weil immer offensichtlich wird, wann er sich denn überhaupt auf ein Gegenüber einlassen kann oder will. Er bestätigt meine Aussage insofern, als er mir entgegen schleudert, dass sich in dem Gespräch seit 25 Jahren nichts verändert habe (ich kenne ihn nicht), alles sei immer das Gleiche und daher überflüssig angesichts der wirklich wichtigen und entscheidenden Dramen in der Welt. Er deutet seine kosmologischen Untergangsfantasien an, die ausführlich in der KG als Wahnsystem beschrieben und mir bekannt sind. Ich sage ihm daraufhin, dass er mir aber genau das, was er schon so oft erzählt habe, und nur das, also nichts Neues berichten wolle. Daraufhin schaut er mich wieder kurz an und berichtet etwas Neues, nämlich dass er sich schon längst im Zustand der Auflösung befinde; weil die Augenlinsen sich auflösten, sehe er nicht mehr richtig, nur Bläschen. Da der ganze Körper von diesen Bläschen durchwirkt sei, weil er gar kein Fleisch mehr habe, sei er ohnehin schon nicht mehr am Leben, ich solle ihn daher in Ruhe lassen. Ich frage nach den Bläschen, die er als CO^2-Bläschen beschreibt. Herr Z. ist Chemiker; mit dem Wort Bläschen teilt er mir mit, dass er sehr wohl realisiert, dass sich in seinem Körper aufgrund der Herzinsuffizienz zu viel CO^2 ansammelt und dass die Herzerkrankung lebensbedrohlich ist. Er teilt mir aber auch mit, dass er nicht am Leben sein möchte, dass sich das Leben, das er seit vielen Jahren führt, kaum lohnt. Jedenfalls höre ich das aus den Schilderungen der bläschenhaften Auflösung des Körpers heraus. Ich teile ihm mit, was ich höre – und wieder schaut er mich an, sagt dazu nur, dass es wichtig sei, die Gedanken zusammenzuhalten und wichtige Gedanken zu denken, nicht die täglichen Nichtigkeiten, dass er deshalb das Gespräch abzuschließen gedenke. Zum ersten Mal reicht er mir die Hand.

Die Suche nach dem Selbst in der Negativsymptomatik

Kommen wir an dieser Stelle auch noch einmal auf den Rückzug bzw. auf die Symptome zurück, die als ausgesprochen hinderlich und einschränkend sich erweisen, also destruktiv und negativ wirken. Auch sie haben einen produktiven Aspekt. So kann z.B. die Negativsymptomatik im Rahmen eines schizophrenen Residuums für den Therapeuten aussagekräftig werden, wenn er in einem scheinbar offensichtlichen Defekt eine Negation, ein »Nein sagen« hört.[26] Es mag erst einmal kontraintuitiv erscheinen, wenn die Reduktion der gedanklichen Vielfalt und der Initiative als produktive Negativität angesehen wird. Aber es gibt klinische Evidenzen, die die Hypothese stützen. Wenn der Kranke in einer Beziehungswelt aufgewachsen ist, in der keine Grenzen gewahrt wurden, dann können der Verlust der Fantasie und die Verwerfung vieler Gedanken wie ein Schutzschild durch Sprachlosigkeit erscheinen, wo andere Abgrenzungen versagt haben.

Fallbeispiel

Ein besorgter Vater meldet seinen immerhin 25 Jahre alten Sohn, Herrn C., zur Konsultation an; ich erhalte – mit Einverständnis des Sohns – den Vorbefund eines Kollegen, der eine beginnende Schizophrenie diagnostiziert hat. Die Eltern kommen mit Herrn C. zu mir in die Sprechstunde. Dieser ist freundlich, hat aber kein Anliegen, ja empfindet nicht einmal ein eigenes Leid. Ihm selbst geht es subjektiv gut. Er begegnet mir mit einer indifferenten Freundlichkeit, an der meine Bemühungen, ihn zu erreichen, erst einmal abgleiten. Ohne Weiteres bestätigt er, was die Eltern sagen, dass er seit zwei Jahren, kurz vor dem

---

26 Küchenhoff J (2013c)

möglichen Ende seines Studiums, nicht mehr zur Uni gegangen ist, dass er auch zu Hause keiner definierten Beschäftigung nachgeht, sondern im Bett liegt und sich isoliert. Die Sorgen ebenso wie die Behandlungsmotivation liegen ganz bei den Eltern, so scheint es. Aber sie entstehen auch in mir; im dem Familiengespräch folgenden Erstgespräch allein mit dem Sohn rührt er mich sehr an, ich empfinde ein starkes Mitgefühl mit dem jungen Mann, jenseits seiner emotionalen Gleichgültigkeit habe ich viele warme Empfindungen ihm gegenüber und den Wunsch, ihn zu unterstützen.

Die Eltern hatten im gemeinsamen Gespräch viel über ihn gesprochen, aber auffallend wenig über sich berichtet. Sie hatten die Fragen nach ihrer eigenen Ehe abgewiegelt, obgleich ich den Eindruck hatte, dass sie emotional gar nicht aufeinander bezogen sind.

Als der Patient und ich nun etwas ratlos im Gespräch zusammen sitzen, teile ich ihm meinen Eindruck mit: dass ich sähe, wie wenig er von einem Gespräch wie diesem erwarte, dass es ihm vielleicht auch schwer falle, irgend etwas über sich zu sagen, dass ich aber gleichwohl spürte, dass von ihm noch etwas anderes ausgehe als diese affektlose Unbekümmertheit, dass ich mich frage, ob mein Anliegen ihn zu unterstützen auch ein Wunsch sei, der ihn selbst bewegen könnte, aber nicht bewegen dürfe. Zu meiner eigenen Überraschung versteht er mich besser, als ich gedacht habe: er bekommt Tränen in die Augen. Ich frage ihn nach den Anfängen seiner Beschwerden, und er meint, er habe nach dem Abitur schon eine Krise gehabt. Auf mein Nachfragen (er redet nicht von sich aus) erwähnt er, dass er gedacht habe, die Familie verliere sich. Nach einer Weile kann er – nun von sich selbst aus – hinzufügen, dass er während der Schulzeit einen Spitznamen gehabt habe: »Familienseelsorger«. Alle sind mit ihren Nöten zu ihm gekommen, er war der, bei dem sich die Mutter, bei dem sich der Vater – getrennt voneinander – ausgesprochen hatten. Er ist – so meine Hypothese, die sich im Verlauf verdichtet – vor der Erkrankung zum Sprachorgan einer sprachlosen Welt, zum Container aller Emotionen in der Familie geworden. Er sorgt sich um die Seelen der Eltern. Es bleibt dabei – das ist der Preis – kein Platz mehr für eine eigenständige Entwicklung; auf der Strecke bleibt die Selbstkonstitution, die Suche nach sich selbst. Denn für Jugendliche ist es entscheidend, das Elternhaus hinter sich lassen zu können, buchstäblich: zu wissen, dass es hinter einem steht, noch weiter besteht als eine Absprungbasis, von der man sich durchaus auch lostreten kann, die nicht in ihren Grundfesten wackelt. Stattdessen wird Herr C. in seiner Entwicklung festgehalten. Er kann nicht auf die Suche nach einer sich formenden Identität gehen, stattdessen bildet sich ein allzu fertiges Größenselbst aus: Ich bin der Retter meiner Eltern. Und doch fühlt sich Herr C. – wie jeder andere Adoleszente auch – herausgefordert, erwachsen und selbstständig zu werden. Aber dieser Wunsch nach einem eigenen Weg ist so viel schwacher als der unausgesprochene Auftrag, Container der elterlichen verleugneten Emotionen zu sein. Der psychotisch anmutende Totstellreflex nun erschient wie eine – freilich sehr leidvolle – Kompromissbildung. Es ist, als sagte er damit zugleich: »Ich bleibe den Eltern erhalten, ich bin nur noch bei ihnen«, aber auch: »Ich ziehe mich von den Eltern zurück und bin für sie, wie für alle anderen, unerreichbar.«

Indem ich im Erstgespräch versucht habe, Herrn C. das vollständig projizierte Gefühl der Fürsorglichkeit und der Angst um andere zurückzugeben, war es ihm möglich, ein eigenes Leid überhaupt einmal zuzulassen und zu spüren. Es ist der allererste Schritt, dem in der Psychotherapie weitere folgen müssen; Schritte, die es erlauben, das Selbst aus dem Geflecht von Projektionen und Introjektionen zu lösen, und damit Herrn C. zu ermöglichen, die Frage nach einem eigenen Selbst überhaupt erst einmal wirksam sich selbst zu stellen.

Die psychotische Residualverfassung, in der Herr C. sich lange Zeit befand, ist der Alexithymie durchaus vergleichbar, die als ein Kennzeichen z. B. chronischer psychosomatischer Erkrankungen angesehen wird. Dort ist die Fantasietätigkeit blockiert, die zwischenmenschlichen Bezüge werden nur nach Maßgabe technischer Zusammenhänge beschrieben, die Differenzierung zwischen den eigenen Gefühlen und denen der anderen verblasst gegenüber einer emotionalen Nivellierung und Gleichförmigkeit. In der psychotischen Residualverfassung können die Funktionen des Denkens und Fühlens ähnlich eingeschränkt sein. Dafür wurden neurobiologische angeborene oder durch den Krankheitsprozess erworbene Defizite als Ursprung angesehen. Das liegt in gewisser Weise nahe. Die Negativität äußert sich ja zunächst schlicht als Abwesenheit psychischer Funktionen, von

Ichfunktionen, die entweder nicht ausgebildet waren oder die wieder verloren gegangen sind. Was aber, wenn man nun gerade diese Abwesenheit der psychischen Funktionen dynamisch betrachtet, indem die Objektbeziehungen und das Begehren berücksichtigt werden? Das ist nicht leicht, weil ja offensichtlich nicht nur Funktionen, sondern auch Erlebnisbereiche, die eigene Triebhaftigkeit ebenso wie das differenzierte Erleben der anderen, verloren gegangen oder aufgegeben worden sind. Vielleicht aber ist die Funktionseinbuße sinnvoll, und vielleicht hilft gerade die Konzeption der negativen Halluzination dabei. In der Begegnung mit psychotisch erlebenden Menschen stellt sich die Frage nach der Qualität des Negativen, der Zerstörung und des Verlusts in besonderer Schärfe. Auf Stavros Mentzos, der die Funktionalität psychotischer Symptome betont und sie als Abwehrleistungen würdigt, habe ich schon hingewiesen, ebenso auf Gaetano Benedetti, dessen wesentliche psychotherapeutische Konzepte in der Psychosentherapie durch die Begriffe »Positivierung« oder »progressive Psychopathologie« gekennzeichnet sind. Positivierung meint, die produktive Leistung des psychotisch erlebenden Subjektes zu würdigen, und diese Perspektive ist mir selbst ausgesprochen wichtig. Auch dort, wo dieses seinem Erleben passiv ausgeliefert erscheint oder wo das psychotische Erleben als Symptom zu einem Stillstand der Entwicklung führt, wo die Lebensbewältigung in schwerster Weise behindert oder verunmöglicht wird, mag eine positive Leistung der Persönlichkeit darin gesehen werden. Ich selbst habe mich mit Formen der Negativität in den letzten Jahren ausführlich befasst und auch gerade im Verstummen, in der negativen Halluzination der »weißen Psychosen« etwa, eine Dynamik am Werk gesehen, die ich mit dem Paradox einer sinnvollen Zerstörung von Sinn beschrieben habe.[27] Aber es fragt sich, wie weit dieses Positivierung reichen darf. Der von W. R. Bion beschriebene »Angriff auf psychische Verbindungen«[28] kann Abwehrfunktion haben, aber er kann eben auch einem tief verwurzelten, nicht aufzuhaltenden, lustvollen Zerstörungstrieb geschuldet sein. Es ist sehr schwer, zwischen den beiden Alternativen eine Grenze zu ziehen. So stellt sich uns in der Therapie immer wieder die Frage: Sind wir konfrontiert mit den Äußerungsformen des Patienten als Ausdruck

---

27 Angehrn E & Küchenhoff J (2014); Küchenhoff J (2013a, 2016)
28 Bion W R (1959/1990)

einer Schutzfunktion, als Ausdruck sich bewahrender Subjektivität, die es also therapeutisch vielleicht nicht unbedingt zu bewahren, aber doch zu validieren gilt? Oder ist es gerade umgekehrt unsere Aufgabe, den psychotisch erlebenden Menschen gegen innere Zerstörungskräfte aktiv zu schützen? Ich kenne auch hier keine Regeln, die es erlaubten, eine einfache Lösung zu finden.

Haltung: Respekt und Engagement

Ich betone, worum es mir grundsätzlich geht. Ich möchte Ihnen vor allem und über alle Details hinaus den Zugang vermitteln, der mir für die Begegnung mit psychotisch erlebenden Menschen entscheidend erscheint. Bislang haben wir noch keine deskriptive Psychopathologie, noch kein Klassifikationssystem angeschaut. Es ist wichtig, und wir werden dies in der letzten Vorlesung nachholen. Mit Bedacht aber fange ich damit nicht an. Denn es ist ebenso wichtig, die Begrenzungen unsere Klassifikationssysteme von vornherein zu berücksichtigen. Sie erlauben es, Übereinstimmungen der Beschreibung von Phänomenen zu erzielen. Aber das reicht nicht aus. Wir brauchen zusätzlich zur beschreibenden auch eine verstehende Psychopathologie.

Verstehende Psychopathologie ist weit davon entfernt, alle psychischen Leiden in Verstehen auflösen zu wollen; ihr gilt nicht der Panpsychismus als Leitbild, sie will und kann nicht (neuro-)biologische Erklärungen ignorieren. Aber sie nimmt die Person des Kranken ernst und richtet ihren Blick auf folgende Zusammenhänge:

- Wie erlebt der Kranke seine Störung? Wie integriert er die eigene »Verrücktheit«, egal auf Grund welcher Ursachen sie zustande kommt?
- Aus welchen psychologischen Dispositionen heraus entwickelt sich die Störung?
- Welche Rolle spielen dabei die Persönlichkeit und die lebensgeschichtlichen Erfahrungen des Kranken?

- Wie erschließt sich die Persönlichkeit aus der therapeutischen Begegnung?
- Welche Grundhaltung in der Begegnung mit psychisch kranken Menschen ist gefordert, wenn es darum geht, die Person des Kranken in seiner Subjektivität, Individualität und Identität ernst zu nehmen?

Die interpersonale Beziehung sollte geprägt sein von einer Haltung, die ich mit der Formel »Anerkennung des Fremden«[29] charakterisieren will. In Bezug auf das Symptom meint diese Formel, neben der durchaus notwendigen pathologisierenden Sicht auf das Symptom andere Perspektiven zuzulassen, die es als lebensweltlich verständlich oder als persönlich folgenreich u. a. darzustellen erlauben. Das Erleben des Selbst zu berücksichtigen bedeutet, den unverwechselbaren Besonderheiten der einzelnen Person Rechnung zu tragen, sie eben nicht unter allgemeine Kategorien zu verrechnen, Krankheit aber auch nicht auf die subpersonale und biologische Ebene zu reduzieren. Außerdem ist der soziale und kulturelle Einfluss auf die Person zu berücksichtigen. Die Anerkennung von Fremdheit im Leiden, in der Unverwechselbarkeit der Person und im Einfluss des kulturellen Horizonts ist das Gegengewicht, das eine Psychiatrie der Person braucht, um sich nicht in Globalaussagen, in überdimensionierten Behandlungspaketen, in schematischen Regeln und kulturgebundenen Vorurteilen zu verfangen.

Gefordert ist in der Psychotherapie, speziell mit psychotisch erlebenden Menschen, viel mehr die Offenheit für Fremdes als Grundhaltung, aus der sich der Umgang mit kulturell Fremden bloß ergibt. Diese Grundhaltung wird ebenso benötigt für die Beachtung des Wahns, der Melancholie des Suizidbegehrens wie für Multikulturalität. In allen Fällen ist die Anerkennung der Fremdheit gefordert, und zwar in mehreren Arten und Weisen,

- als Akzeptanz des nicht sofort Assimilierbaren, des Fremdartigen,
- als Interesse am Fremden, das folglich nicht bloß ausgeschlossen wird, sondern auch in der Bedeutung, die es an sich, aber auch für uns hat, erschlossen wird, und schließlich

---

29 Küchenhoff J (2013c)

2. Vorlesung Psychodynamik und Beziehungsdynamik

- in der Reflexion auf die eigenen Verfremdungsmechanismen, die das Fremde evtl. überhaupt zum Fremden gemacht haben.

Das Fremde, das außen bleibt, das nicht angeeignet wird, bleibt unbearbeitet, erhält keine Antwort, und damit wird es ebenso destruktiv behandelt wie das Fremde, das seine Fremdartigkeit im Assimilationsvorgang vorschnell verliert.

In der Psychopathologie, nicht nur in der psychologischen Konzeption personaler Identität, ist eine Dialektik zwischen Affirmation und Andersheit, zwischen Ausschluss des Fremden und Zusammenwirken mit Fremdem notwendig. Die Leugnung des Negativen an der Symptombildung, seine einseitige Positivierung, ließe seine Fremdheit selbst verleugnen. Das war der entscheidende Fehler der Antipsychiatrie: Auch wenn dem Wahnsinn Methode oder Sinn unterstellt wird, so bleibt er doch »verrückt«. Es ist schwer, diese Dialektik auszuhalten, die in der Annäherung an Fremdes, das gleichwohl in der Annäherung fremd bleibt, liegt. In diesem Punkt ist die Antipsychiatrie ihrem großen Gegenspieler, der biologischen Psychiatrie, immer ähnlich gewesen.

Eine Psychiatrie der Person lebt aus der Dialektik von Klassifikation und Einzigartigkeit, von methodischem Zugang zum Leiden anderer und der Subjektivität des Leidenden, von Heilungsabsicht und Anerkennung des Krankseins in allen Formen. Ob sie in einem objektivierenden Denken sich ganz auflöst oder das Subjekt oder die Person zugleich noch berücksichtigt, ob sie die eigene Methode generalisiert oder selbstkritisch deren eigene Grenzen markiert, ob sie einseitig das Krankhafte oder auch das Gesunde, Konstruktive und Originelle am Symptom sieht, diese Fähigkeiten zu dialektischem Denken können als eine – nicht ausschließlich empirische – Messlatte für die Qualität psychiatrischer und psychotherapeutischer Ansätze angesehen werden.

Für die psychoanalytische Haltung der Psychosentherapie ergibt sich daraus nicht eine neue Faustregel, aber doch die Aufforderung, dieses existentielle Dilemma stets im Bewusstsein zu bewahren und das Gleichgewicht von »Respekt und Engagement«[30] immer neu herzustellen, also

---

30 Küchenhoff J et al. (2017)

auf der einen Seite den psychotisch erlebenden Menschen so nahe zu kommen im Verstehen, wie es möglich ist, und ihm eine Beziehung anzubieten, und das verlangt auf Seiten der Therapeuten oder des Therapeuten sehr viel Engagement; auf der anderen Seite aber gilt es, auch zu berücksichtigen, dass gerade dieses Beziehungsangebot selbst zu einer Gefahr und einem hohen Risiko werden kann.

Kasuistische Vignette

Frau R. hat einen malignen Tumor. Die Ärzte sind in Sorge und wollen sie dazu bringen, den Tumor behandeln zu lassen. Frau R. entwickelt gegen diese »Hilfestellungen« eine unbedingte und wahnhafte Haltung, dass jede Hilfe unsinnig sei, dass sie nicht krank sei, sie sei vielmehr der Spross königlicher Eltern und habe eine riesengroße Macht. Die Zeit verstreicht, die Gefährdung durch den Tumor wird größer und die Haltung der Therapeuten und Ärzte energischer und drängend fürsorglicher. Sie haben damit keinen Erfolg. Erst als Frau R. diese reale Beeinflussung ein wenig abschütteln kann, weil die behandelnden Therapeuten aufgeben, kann sie erwägen, sich überhaupt an diagnostischen und therapeutischen Maßnahmen weiterhin zu beteiligen. Der Wahn stellt sich nicht einfach gegen die objektive Gegebenheit der malignen Erkrankung. Er wird vielmehr mobilisiert gegen die allzu engagierten und daher eindringenden Objekte. Nicht der Tumor ist unmittelbar das Problem der Patientin, sondern die Abgrenzung. Sie kann erst dann wieder über das Malignom in irgendeiner Weise nachdenken, wenn sie ihren Standpunkt gegenüber den intrusiven Objekten gefunden hat.

Sehr schwer – und der Fall von Frau R. zeigt es in besonderer Schärfe – kann es uns als Therapeuten fallen, die Heilungsabsicht, die Suche nach einer Besserung zu relativieren und selbstreflexiv zurückzunehmen. Psychotisches Erleben ist in den »Todeslandschaften der Seele« situiert, wie Benedetti schreibt. Es drückt die »negative Existenz« aus, in der der psychotisch erlebende Mensch sich befindet. Das Leiden darin ist u. U. enorm groß. Dem Wunsch, oft materialisiert in der Erwartung gegenüber der psychopharmakologischen Behandlung, es möge sich schnell glätten und beruhigen, also dem Wunsch, das Symptom zu beseitigen, muss sich der Respekt gegenüber dem Symptom als einen Rückzugsort des Subjektes gegenüberstellen. Solange die Person des Kranken vor allem im Symptom ihre Wahrheit verdichtet, wird es nicht sinnvoll sein, das Symptom zu beseitigen, in welcher Form auch immer, weil die Subjektivität dadurch beschädigt würde. So gehört es zur psychoanalytischen Haltung in der Psychosentherapie, zwischen therapeutischem Engagement und Respekt vor der in der Krankheit aufscheinenden, nicht anders zu vermittelnden Subjektivität eine Balance zu finden, eine Balance zwischen Heilen und Lassen.

Es gibt eine andere Grenze der Positivierung, die ich als Psychiater und Psychotherapeut in meine Haltung integrieren muss, mit der ich also selbst rechnen muss. Die Grenze der Positivierung ist auch dort erreicht, wo es nicht mehr möglich ist, die Lebensverhältnisse des Patienten wirksam zu verbessern oder ihm die Last des in der Vergangenheit Erlebten zu nehmen. Aber mit dieser Feststellung muss nicht Resignation oder das Ende der therapeutischen Aufgabe verbunden sein. Oft genug ist es nicht möglich, das Bild der Vergangenheit in den Therapiemomenten der Gegenwart zu spiegeln und zu reflektieren oder den Spuren des Vergangenen in der Gegenwart wirksam nachzugehen. Oft bleibt uns dann nichts weiter als die dritte Form des Vergangenheitsbezugs, das Zeugnis, das gleichwohl so wichtig ist: Zeugnis ablegen über den nicht wieder zu korrigierenden Zusammenbruch, in einem gemeinsamen Eindenken, im Versuch, das zu beschreiben oder vielleicht auch nur zu umschreiben, das aus den Erfahrungswelten dauerhaft ausgeklammert werden muss, weil die katastrophische Dimension des Erlebten dieses nicht wirklich zu integrieren erlaubte. Es mag das Bemühen immer wieder scheitern, all das zu ertragen und in die symbolische Ordnung zu integrieren, was aus ihr verworfen und eliminiert werden musste und was sich immer neu der Integration widersetzt. Dennoch wächst auch dort gleichsam eine schwache Hoffnung, die aus der Solidarität im Scheitern erwachsen kann. Wenn aber die »Einschreibungen« des Schmerzes aufgeschrieben werden kann, wenn der Schmerz auf diese Weise sichtbar wird, dann ist möglicherweise auch dadurch eine Existenz gesichert, ein Weiterleben, ein Wachsen auf einem ganz schütteren Boden.

3. Vorlesung
Die psychoanalytisch fundierte therapeutische Haltung in der Psychosenpsychotherapie

Diese Vorlesung beginnt anders als die anderen. Am Anfang soll ein Gedicht stehen. Das Ziel ist es, anders zu lesen, denn wir brauchen andere Verstehenshorizonte, müssen gewissermaßen unsere Ohren putzen, Hörgewohnheiten ablegen und neue entwickeln. Das können wir zusammen an diesem Gedicht erproben.

Der Dichter des nachfolgenden Gedichts ist Paul Celan[31], das Gedicht stammt aus dem Band »Die Niemandsrose«, es hat keinen Titel, der Titel ist gleichbedeutend mit der ersten Zeile »es war Erde in ihnen«.[32]

Es war Erde in ihnen, und
sie gruben.
Sie gruben und gruben, so ging
ihr Tag dahin, ihre Nacht. Und sie lobten nicht Gott,
der, so hörten sie, alles dies wollte,
der, so hörten sie, alles dies wusste.
Sie gruben und hörten nichts mehr;
sie wurden nicht weise, erfanden kein Lied,
erdachten sich keinerlei Sprache.
Sie gruben.
Es kam eine Stille, es kam auch ein Sturm,
es kamen die Meere alle.
Ich grabe, du gräbst, und es gräbt auch der Wurm,
und das Singende dort sagt: Sie graben.

---

31 Aus: Celan P, Die Niemandsrose, S. 125f. © 2014, S. Fischer Verlag GmbH, Frankfurt am Main.
32 Cf. Im Folgenden Küchenhoff J (2019)

O einer, o keiner, o niemand, o du:
Wohin gings, da's nirgendhin ging?
O du gräbst und ich grab, und ich grab mich dir zu,
und am Finger erwacht uns der Ring.

Nicht von vornherein sind diese Zeilen dem Verstehen zugänglich, sondern irritieren wegen ihrer bildstarken Verschlossenheit. Nun haben wir mehrere Möglichkeiten, uns auf das Gedicht einzulassen. Zunächst können wir ohne viel Nachdenken es auf uns wirken lassen, also in einer offenen und möglichst unvoreingenommenen Haltung erst einmal die Phänomene zu erfassen suchen. Dabei kann uns vieles in den Sinn kommen; möglicherweise ist es eine Wortwiederholung, die uns ganz besonders im Ohr klingt, das »Graben«. Darauf aufmerksam geworden, können wir dem eigentümlichen Sprachrhythmus des Gedichts nachspüren, und dann fällt uns vielleicht auf, dass es den Rhythmus des Grabens aufnimmt und somit selbst immer neu in die Tiefen eines Erlebens, das sich entzieht, eingraben will.

Das ist nicht die einzige Möglichkeit. In einer stärker rationalen und wissenschaftlich – analytischen Einstellung können die Worte und Zeilen nach Stil- und Gestaltungsmitteln hin untersucht werden, wie wir sie während der Gymnasialzeit im Deutschunterricht identifiziert haben. Sie werden in äußerster Feinheit in jeder Zeile benutzt. Ein Stilmittel etwa ist dem Alten Testament abgelauscht, der sogenannte Parallelismus membrorum: Es wird ein Sachverhalt wiederholt, noch einmal gleichsam ein Anlauf genommen, wobei die Wiederholung die erste Formulierung variiert, ihr aber etwas hinzufügt. Nehmen wir die Zeilen »erfanden kein Lied, erdachten sich keinerlei Sprache« als ein Beispiel. Hier dient der Parallelismus dazu, die verneinende Aussage auszuweiten und zu steigern. Dies geschieht auf textlich engstem Raum; die Erkenntnis, dass konstruktive Arbeit offensichtlich nicht mehr möglich ist, wird vom Erfinden eines Liedes auf den Gebrauch von Sprache überhaupt ausgeweitet.

Die gleiche Einstellung fördert weitere Details zu Tage, die unterstreichen, wie kunstvoll das Gedicht gearbeitet ist. Der Dichter wechselt in seinen Verben zwischen Vergangenheit und Gegenwart. Die Grabensstimmung, die eine Grabesstimmung mitschwingen lässt, erscheint am Anfang in der Vergangenheitsform, wird zum Schluss aber in die Gegenwart eingerückt, dieses Graben ist nicht abgeschlossen, es betrifft mich und dich, die Arbeit an der Bewältigung einer im Grunde nicht bewältigbaren traumatischen Vergangenheit hält an.

Immer ist es für das Verständnis von literarischen Erzeugnissen aufschlussreich, Verweisungszusammenhänge aufzufinden, also zu entdecken, wo Texte auf Texte verweisen, eine Verbindung herstellen zu anderen Aussagen oder Schriften, die Brücken für das Verstehen schlagen. In der Literaturwissenschaft wird von »Intertextualität« gesprochen. So erhellt sich gleich die erste Zeile »Es war Erde in ihnen« als Hinweis auf die biblische Schöpfungsgeschichte. In Genesis 2,7 heißt es: »Da formte Gott, der Herr, den Menschen aus Erde vom Ackerboden und blies in seine Nase den Lebensatem. So wurde der Mensch zu einem lebendigen Wesen.« Und später wird betont, wie die menschliche Existenz nur vorübergehend aus der Erde entsteht, in die sie wieder zurückkehren muss: »Im Schweiße deines Angesichts sollst du dein Brot essen, bis du wieder zu Erde werdest, davon du genommen bist. Denn du bist Erde und sollst zu Erde werden.« (Genesis 3,19). Am Ende des Gedichtes, in der letzten Zeile, wird erneut eine Referenz auf die Bibel aufgerufen: Im ersten Buch Moses' wird erzählt, wie Josef aufgrund seiner Leistungen vom Pharao mit einem Ring beschenkt wird. »Und er tat seinen Ring von seiner Hand und gab ihn Joseph an seine Hand« (Genesis 41, 42).

Wieder andere Verstehensmöglichkeiten bietet die Metaphernanalyse. Bleiben wir bei der gerade zitierten Stelle. Ein Ring, zumindest wenn er aus Eisen geschmiedet ist, kann von der Zeit nicht angegriffen werden. Dieses zeitliche Überdauern ist aber auch in der Ringform bewahrt, es beginnt mit der Metapher des Grabens und endet mit ihr. Das Gedicht selbst schafft, wie ein Ring am Finger, der einen Bund bekräftigt, einen Zusammenhalt. Er ist aber nicht einfach »zuhanden«, er »erwacht uns«; in dieser Formulierung wird Zukunft eingeführt, ähnlich wie in der besonders intensiven Formulierung »ich grabe mich dir zu«: Die Solidarität derer, die graben, wird aufgerufen, und zwar mit einer Wirkung, die in die Zukunft reicht.

Paul Celan, der in Czernowitz geboren wurde und als einer der wichtigsten deutschen Dichter des 20. Jahrhunderts gelten kann, hat eine besonders belastete Lebensgeschichte, die seine Lyrik prägt. Die auf die Person des Dichters bezogene biografische Forschung ergänzt die Perspektiven. Paul Celans lyrisches Schaffen, ja sein ganzes Leben ist ein endloses Umkreisen nicht allein seines, sondern eines kollektiven und unermesslichen Traumas, des Traumas des Holocaust. Damit erschließt sich uns die Reichweite des Grabens in seiner ganzen schrecklichen Wucht.

Es ging mir darum, verschiedene Formen der Annäherung an das Verständnis einer lyrischen Äußerung exemplarisch anzudeuten. Zugleich will ich aber festhalten: Mit diesen Schritten der Verständigung wird die Wirkung des Gedichtes nicht abgeschwächt. Auch wenn wir uns auf diese Weise dem Text nähern, so bleibt er doch unfasslich, nicht einfach einzugemeinden in einen Sinn, der die Erschütterung, die der Text auslöst, wenn wir uns auf ihn einlassen, abmildert. Er verweigert sich einer schlichten Positivierung, die in ihm eingeschlossenen Zeichen appellieren an unsere Auslegearbeit, und dennoch werden wir des Textes nicht Herr: Seine poetische Qualität geht darüber hinaus, und die lyrische Form und Sprache bewahren das sprachlos machende Grauen. Das Gedicht arbeitet sich daran ab, etwas mitzuteilen, das im Grunde nicht mitteilbar ist.

Anhand dieses Gedichts will ich nun einige Charakteristika einer psychoanalytischen Haltung skizzieren, wie sie mir wichtig ist.

Psychotisches Erleben und psychoanalytische Technik

Warum habe ich Ihnen diese kurze, in vielfacher Weise unzureichende Annäherung an ein Gedicht zugemutet, das in seiner Wirkung ebenso intensiv wie evasiv ist, das sich in unsere Erfahrung einschreibt und uns nicht mehr loslässt, das aber zugleich dem Verständnis sich widersetzt? Jedenfalls ist das die Perspektive, die wir als Leser wohl einnehmen. Der Autor müht sich damit ab, in Worte zu fassen, was als traumatische Realität nicht begriffen, allenfalls umkreist oder umgriffen werden kann. So entstehen Worte zwischen Sinn und Nicht-Sinn, dem Schweigen, dem Verstummen oder dem Leiden abgelauscht oder abgetrotzt.

Diesen »Graphismus des Schmerzes«[33] gilt es jederzeit in der Begegnung mit psychotisch erlebenden Menschen zu beachten, auszuhalten und ernst zu nehmen. Ich nutze die Begegnung mit einem gehaltvoll-schwerwiegenden Gedicht, um die psychoanalytische Haltung der Psychosentherapie, unsere Haltung in der klinischen Begegnung mit psychotisch erlebenden Menschen zu charakterisieren.

Hören mit dem dritten oder dem vierten Ohr

Zunächst braucht es auf unserer Seite die Bereitschaft, und dies gilt für jede psychoanalytische Psychotherapie, zuzuhören, und all das, was uns der andere, der leidet, zu sagen hat, aufzufassen. Dabei ist es ebenso wie in der Lektüre der Lyrik wichtig, dass wir nicht als Symptom abwerten, was uns gesagt wird, sondern als Äußerungsform ernst nehmen und wertschätzen.

Grundlegend für die psychoanalytische Situation sind die Grundregeln der freien Assoziation und der freischwebenden Aufmerksamkeit. Als Analytiker höre ich alles, was der Analysand tut und spricht, als eine freie Assoziation in der psychoanalytischen Kur. Das, was mir vom anderen vermittelt wird, über Worte oder Handlung, ist immer zu mir gesprochen. In der Psychosenpsychotherapie ist der Umfang dieser Ansprache ungleich weiter zu fassen als in der klassischen Kur. Zur Ansprache durch den psychotisch erlebenden Menschen gehören nicht allein die Worte, diese freilich auch, sondern auch das Verhalten dazu, etwa eine im Gespräch scheinbar urplötzlich und unmotiviert intensivierte Zerfahrenheit in der Gedankenäußerung, ein völliger Rückzug, auch Schilderungen des Wahnerlebens, Körperhaltung etc. sind von Belang. So hören wir, wie Theodor Reik es gesagt hat, auch in der Psychosentherapie »mit dem dritten Ohr«[34], allerdings in einem noch weiteren Hörraum. Ein Ratschlag in der Psychosenpsychotherapie bietet sich an: Mehr als bei den »besser strukturierten« Patienten ist der psychotisch Erlebende angewiesen auf die Situation des Hier und Jetzt, aber in viel größerem Ausmaß ihr auch ausgeliefert. Daher lohnt es, prinzipiell alle Äußerungen auf die Interperso-

---

33 Kamper D (1985)
34 Reik Th (1976)

nalität des aktuellen Gesprächs zu beziehen, eben auch die aktuellen Äußerungsformen der Symptome selbst, die situativ erfasst werden müssen. Ein Grundproblem psychotischen Erlebens ist es, wie wir bereits gesehen haben, die Grenze zwischen dem Selbst und dem anderen wahren oder immer neu einziehen zu können. Dies gilt auch für die therapeutische Situation, so dass ein großer Teil der Aufmerksamkeit psychotisch erlebender Menschen auf die Regulierung der Gesprächssituation und Interaktion ausgerichtet ist und sein muss – aber nicht, um die ausgetauschten Worte zu kontrollieren, sondern um die »Zwischenleiblichkeit« in den Griff zu bekommen. Das bedeutet, dass nicht nur allen verbalen Äußerungen zu begegnen ist; neben und sogar vor den Gesprächsinhalten entwickelt sich sogleich ein Gespräch zwischen Leib und Leib, das es zu kontrollieren gilt, eine leiblich vermittelte Spontaneität, die so viel mehr emotional aufgeladen ist als viele Austauschvorgänge von Worten, und an die man deshalb auch ausgeliefert ist.[35] Für diese erweiterte Form der freien Assoziation haben Warsitz und ich in unserem Buch »Psychoanalyse als Erkenntnistheorie« den Begriff Prosodie genutzt.[36]

Rêverie

Meine freischwebende Aufmerksamkeit, meine Reverie, antwortet auf die Prosodie, also den Vorgang, sich in das Erleben des anderen einzuträumen.[37] Die Rêverie entwickelt sich aus der »freischwebenden Aufmerksamkeit«, ist aber doch so viel mehr als eine Aufmerksamkeit. Dies gilt besonders für die Psychosenpsychotherapie. Der psychotisch erlebende Mensch kann nicht anders, ähnlich wie Menschen, denen wir schwere Borderline-Organisationen zuschreiben, als Selbstanteile in den Therapeuten zu projizieren. Die Rêverie befasst sich in dieser Konstellation also auch mit den übertragenen, den dem Therapeuten übergebenen und anvertrauten Affekten, die – weil die Einheit des Selbst im psychotischen Erleben brüchig geworden ist – nirgendwo anders als im Gefühlsleben des

---

35 Küchenhoff J (2012)
36 vgl. Warsitz R P & Küchenhoff J (2015)
37 ebenda

Therapeuten erscheinen. So sind Gegenidentifikationen möglich. Indem ich als Therapeut mich befrage, was sich in mir tut, mache ich mich gleichsam auf den Weg zum Patienten. Daneben aber gibt es auch die Gegenübertragungen, also die übertragenen Objektbilder, die sich in der Fantasie des Therapeuten bündeln können.[38] In dem Verstehen des Gedichtes von Celan löst die Sprache des Gedichtes in mir als dem Leser oder dem Hörer Stimmungen aus, die ich ganz unwillkürlich zum Wegweiser nehme, um mich den in den Worten schlecht zugänglichen Inhalten zu stellen. Wenn ich mich nur dem Oberflächensinn der Worte zuwende und in der Formulierung »ich grabe mich dir zu« einen Grammatikfehler dingfest mache, habe ich keine Chance, irgendetwas von dem Gedicht zu verstehen; es würde auf diese Weise nur kritisiert und pathologisiert und spräche nicht mehr zu uns. In der Therapie hat das träumerische Ahnungsvermögen, die Aufnahmebereitschaft für abgewehrte Affekte, nicht nur eine Mitteilungsfunktion, durch die ich erfahre, was im anderen wohl vorgeht, sondern auch eine therapeutische Funktion, weil es auch darum geht, im Sinne des Containing Affekte, katastrophische Ängste und Gefühle der Bedrohtheit stellvertretend zu verarbeiten.

Archivierung und Rekonstruktion von Geschichte

In der psychoanalytischen Therapie geht es darum, lebensgeschichtliche Erfahrungen in unser Verstehen der aktuellen Krankheit einzubeziehen, soweit dies möglich ist. Gehen wir kurz zur Gedichtinterpretation zurück. Wir haben gesehen, dass das Gedicht sich nur dann erschließt und öffnet, wenn wir bereit sind, die Bezüge, die es enthält, aufzugreifen. Das eine ist, wie bereits geschildert, die Einfühlung, die Bereitschaft sich ansprechen zu lassen, die eigenen Bilder aufsteigen zu lassen. Darüber hinaus aber braucht es etwas Drittes: Ich muss der besonderen Formulierung nachgehen, es braucht also auch Wissen, um z. B. die tiefe Verwurzelung des Gedichtes in der jüdischen Geschichte verstehen zu können. Wir waren durch die Psalmstruktur und den Parallelismus membrorum darauf gekommen. Die

---

38 zum Unterschied von Gegenidentifikationen und Gegenübertragungen vgl. Benedetti G (1983), S. 209 ff.

Intertextualität des Gedichtes lässt sich nur erfassen durch Kenntnisse, die mir nicht einfach zur Verfügung stehen müssen, denen ich aber nachgehen kann. Genauso gehört es zu meiner Aufgabe als Therapeut in der psychoanalytischen Psychosentherapie, die Bilder, die unsere Patienten sprachlich benutzen oder die sie leibhaftig inszenieren, wissend zu verstehen.

Ein klinisches Beispiel:

Frau Y. hat das Gefühl, dass eine ganz kalte, eiserne Stange in ihrem Körper steckt, die sie ständig spürt. Sie hört die Stimme ihrer Stiefschwester, die ihr immer Vorwürfe macht. Sie hat ein Schuldgefühl und muss sich ständig bestrafen für die Schuld, die mit der eisernen Stange verbunden ist. Sie glaubt, dass die Nachbarn sie verfolgen und mit Kameras und Laserstrahlen überwachen. Dadurch, so sagt sie, muss sie ihr »Intimstes« offenbaren. Den Kern des psychotischen Erlebens bildet in diesem Beispiel ein eindringendes, im eigenen Körper festgesetztes Objekt. Es stellt sich im weiteren Gespräch heraus, dass Frau Y. die Eisenstange in der Scheide lokalisiert, jedenfalls am Anfang ihren Leidens, dort ist sie unentwegten Schmerzen ausgesetzt. Dieses Objekt ist sexualisiert. Wir können den Konkretismus in seiner emotionalen Qualität an uns heranlassen, wenn wir ihn in eine metaphorische Ausdrucksmöglichkeit, in ein lyrisches Bild, zurückverwandeln. Dann werden wir von einem Bild getroffen, nämlich dass nicht etwas Warmes oder Liebevolles in das Genitale eingeführt wird, sondern etwas Kaltes, Starres und Gewaltsames. Offensichtlich zeigt uns Frau Y., wie Sexualität mit Gewalt und Schuld assoziiert ist.

In der lebensgeschichtlichen Schilderung finden wir Verstehenshilfen, um Aussagen erfassen zu können, die ohne den Kontext nicht leicht zu verstehen sind. So sind die Geschichte eines Missbrauchs und die Unmöglichkeit, ihn je verarbeiten zu können, der biografische Schlüssel zu dieser psychotischen Bildlichkeit. Oft genug mag es uns scheinen, als seien im psychotischen Erleben allein privatsprachliche Symbole verwendet worden, die sich nicht unserem Verständnis erschließen. Bereits der Philosoph Ludwig Wittgenstein hat darauf hingewiesen, dass es eine Privatsprache eigentlich nicht gibt.[39] In jedem Fall können wir uns auf die Suche nach den Horizonten begeben, die die Bilder in der psychotischen Sprache umschließen, und vielleicht werden wir erst nach langem Suchen fündig. Daher brauchen wir, um Wissen für das Verstehen einzusetzen, die Haltung, die ich als die Haltung des Archivars beschreiben möchte: Oft müssen wir uns lange Zeit nur merken, was der psychotisch erlebende Mensch uns mitteilt, auch wenn wir noch nirgendwo einen Anhalt für die Einordnung des Gehörten finden.

Ein weiteres klinisches Beispiel:

Frau Q. kommt wegen einer paranoiden Schizophrenie in die Klinik. Sie spricht in den ersten Gesprächen geordnet mit mir. Als ich wegen einer temporären Baumaßnahme das Zimmer mit einem anderen vertauschen muss, wird sie im ersten Gespräch in den neuen Räumlichkeiten nach wenigen Minuten inkohärent, diese Auflösung der Gedanken wiederholt sich in den folgenden Gesprächen und es braucht einige Zeit, bis ich den Zusammenhang überhaupt verstehe: Ich lerne, dass die bloße Feststellung einer Verschlechterung des Gesundheitszustandes der Patientin an ihrem Befinden vorbeigeht. Sie hat sich nicht einfach überall und immer verschlechtert, vielmehr entwickelt sie Halluzinationen und eine Sprachverwirrung immer dann, wenn sie zu mir in den ungewohnten Raum eintritt. Noch viel länger dauert es, bis wir herausfinden, dass der dort ausgelegte orientalische Webteppich etwas in ihr auslöst, eine Reminiszenz ans Arbeitszimmer der Mutter, in das sie gegangen ist, um sich strafen und züchtigen zu lassen. Mein Zimmer ist nun nicht mehr Schutzraum, sondern Ort von Qualen, der Teppich löst Bilder aus und mobilisiert Erfahrungsfragmente, die sich in dem Moment nicht integrieren lassen, die aber doch eine Form der Erinnerung darstellen, die Frau Q. mit mir teilt und die es uns erlauben, die biographische Arbeit zu vertiefen.

---

39 Wittgenstein L (1958/1971), S. 116 ff. (Abschnitte 253 ff.)

Herstellung einer triangulierten therapeutischen Beziehung

In der Literaturwissenschaft wird das Verhältnis zwischen Text und Leser wichtig genommen und untersucht. Wie wirkt das Gedicht Celans auf mich als den Leser des Gedichtes? Wodurch erzielt das Gedicht seine Wirkungen? Was bestimmt meine Rezeption, was kann ich wahrnehmen, was aber auch nicht? Vorausgesetzt werden kann freilich, dass ich ein Gedicht als Gedicht nehme und dass ich als Leser zu diesem Gedicht in ein Verhältnis trete. Ich lese ein Buch von Celan, ich habe es in Buchstaben vor mir liegen, die lesbar sind, ich weiß, dass es einen Autor gegeben hat, der Paul Celan heißt, und ich kann mich um die Entstehungsgeschichte kümmern. So ist die Leseerfahrung trianguliert. Es gibt ein Dreieck zwischen Text – Textrezeption – Interpretation. Dieses trianguläre Verhältnis setzen wir in jeder Psychotherapie ebenfalls, als eine therapeutische Ich-Spaltung, voraus: Ich entwickle eine Beziehung zum Therapeuten, ich übertrage auf ihn vielerlei Gefühle. Ich weiß aber, dass dies alles im Rahmen der Therapie geschieht und dass wir darüber sprechen können, ob es sich nun um besonders negative oder besonders positive Gefühle handeln mag. Ich weiß auch, dass der Therapeut, wenn er meine heftigen Affekte anspricht, mich nicht beschämen, niedermachen, angreifen will. Ich habe vielleicht das Gefühl, aber ich kann mich – das gerade macht ja die Triangulierung aus – wieder von diesem Gefühl distanzieren und es gleichsam mit Staunen, wie ein Außenstehender, betrachten.

Was aber passiert, wenn so eine Relativierung, im Guten wie im Schlechten, wegfällt und der therapeutische Rahmen kollabiert? Die Folgen für die therapeutische Haltung sind beträchtlich. Was der Analytiker sagt, wird dann vom Patienten nicht verstanden als ein Versuch, in den von ihm geäußerten Worten und den von ihm gezeigten Verhaltensweisen einen Sinn und eine Struktur zu erkennen, und damit eine Struktur einzuführen, die es erlaubt, die eigenen Interaktionsformen zu hinterfragen. Stattdessen wird der Patient Deutungen als Machtkampf erleben. Das Wort dient nicht dem Verstehen, sondern wird als Projektil oder Übergriff oder narzisstische Aufblähung, oder was auch immer, erlebt. Die Konsequenz daraus ist, dass der Therapeut sich als jemand, der eine therapeutisch deutende Funktion übernimmt, immer neu situieren muss. Seine Position, einen kreativen Raum für die Sinnsuche zu eröffnen, bleibt immer prekär. Seine Präsenz kann dadurch als übermächtig erlebt werden, wenn er etwas sagt, er kann im Schweigen aber als ablehnend und feindlich oder als verschwunden erlebt werden. Von Stavros Mentzos wurde als psychotisches Grunddilemma der Verlust des Selbst durch Fusion mit dem Objekt oder durch eine Objektlosigkeit, indem man nicht mehr gesehen wird, beschrieben.[40] Gaetano Benedetti beschreibt mit anderen Worten eine ähnliche Grunderfahrung: »Dieses Selbst (das psychotische Erleben im Menschen) kann deshalb nicht anders als jede Form von Beziehung zu fürchten, auch wenn aus ihr die einzige Möglichkeit zu Existenz resultiert. Ich kenne im menschlichen Leben kein tragischeres Dilemma als dieses«[41]. Dieses Dilemma prägt, wie jedes andere, auch die therapeutische Beziehung. Der denkende und deutende Psychoanalytiker kann also für den Patienten zu einem Risiko werden. Es gilt möglicherweise in besonderer Weise, wenn die Deutung gleichsam – und ich wähle die Formulierung bewusst – ins Schwarze trifft. Dieses Bild entstammt dem Scheibenschießen, und so wird es vielleicht auch erlebt; wenn das Symptom durch Deutung in Frage gestellt wird, so kann es sein, dass der Abstand, den das Symptom wahrt, weggenommen oder »geraubt« wird. Vielleicht ist auch im Symptom alle Widerständigkeit, alle Subjektivität des Patienten verdichtet, dann wird die Deutung als ein Angriff gegen das Selbst verstanden. Außerdem kann der Therapeut, gerade wenn er empathisch auf den Patienten eingeht, eine Nähe herstellen, deren der Patient sich nicht gewachsen fühlt und gegen die er dann notgedrungen noch mehr Widerstand aktivieren muss.

Tab. 3: Psychotisches Erleben und psychoanalytische Technik

Prinzip	Umsetzung
Hören mit dem dritten oder dem vierten Ohr	• Erweiterter Hörraum: Worte, Verhalten, Körperlichkeit, Sprachstörungen • Hier-und-Jetzt-Bezug der Worte

---

40 Mentzos S (2009), S. 217 f.
41 Benedetti G (1983), S. 190

Tab. 3: Psychotisches Erleben und psychoanalytische Technik – Fortsetzung

Prinzip	Umsetzung
Rêverie	• Freischwebende Aufmerksamkeit • Projektion von Selbstanteilen • Gegenidentifikationen • Containing
Achten auf Lebensgeschichte und Traumatisierung	• Kenntnis der Lebensrealität und der Biographie • Haltung des Archivars
Herstellung einer triangulierten therapeutischen Beziehung	• Der therapeutische Rahmen kann nicht vorausgesetzt werden. • Worte werden u. U. analog, beziehungsorientiert, nicht digital, inhaltlich entschlüsselt.

Wiederherstellung struktureller Fähigkeiten

Nun ist die psychoanalytische Perspektive mit der breiten Beschreibung der Haltung und des verstehenden Zugangs nicht erschöpft. Das ist wichtig festzuhalten, weil sonst der falsche Eindruck entstehen könnte, als färbe der Psychoanalytiker die schockierenden, belastenden und behindernden Erfahrungen schön. Das ist aber mitnichten der Fall. Daher kennt die psychoanalytische Diagnostik, die die Therapie ebenfalls anleitet, auch die andere Seite, wenn sie nämlich die Schwierigkeiten in den Ichfunktionen oder den strukturellen Fähigkeiten differenziert erfasst.

Die Ichfunktionen, also die funktionsbezogene Ausstattung des »psychischen Apparats«, sind Ergebnis der und Voraussetzung für die weitere Entwicklung des psychischen Erlebens. Zu den Ichfunktionen, wie die Operationalisierte Diagnostik sie objektivierend erfasst, gehören unter anderem:

- Die Fähigkeit der Wahrnehmung des eigenen Selbst und der anderen, also der Objekte
- Die Steuerungsfähigkeit, also die Selbstregulation einerseits und die Beziehungsregulation andererseits
- Die Abwehr
- Die Fähigkeit zur Kommunikation nach innen und nach außen
- Die Bindung an äußere und an innere Objekte

Im Sinne der Operationalisierten Psychodynamischen Diagnostik (OPD)[42] ist im psychotischen Erleben die differenzierte Objektwahrnehmung aufgehoben, wenn das Objekt immer nur und ausschließlich aus der Position des verfolgenden Objekts heraus wahrgenommen werden kann. So heißt es in der neu ausgearbeiteten dritten Version der Strukturcheckliste für das desintegrierte Niveau:

> »Die Objektwahrnehmung ist nicht kohärent. Andere werden schnell als aggressiv-verfolgend und bedrohlich oder idealisiert erlebt. Einzelne Eigenschaften stehen für das ganze Objekt. Eigene Ängste, Befürchtungen und Wünsche bestimmen die Wahrnehmung und Interpretation; der andere wird nicht mehr als sicher abgegrenztes Gegenüber erlebt.«

Das Gleiche gilt für die Übersteigerung oder Erniedrigung der Selbstvorstellung, die sich entweder in der Größenfantasie oder in der depressiven Selbstkritik äußert. So heißt es unter dem Stichwort der Affekttoleranz:

> »Heftige reflektorische Gegenhandlungen bereits bei minimaler Affektintensität. Ambivalenz tritt nicht auf, nur noch Ambitendenzen. Häufig Überflutung durch undifferenzierte Affekte. Alternativ können Affekte völlig abgeschaltet sein. Selbstwertgefühl ist ersetzt durch ein inneres unrealistisches System der Wertsteuerung. Grandiosität oder generelles Selbstunwertgefühl können die Folge sein oder sich auch abwechseln.«

Die Kommunikation mit anderen ist außerordentlich erschwert. Dazu die OPD-3:

> »Kontaktaufnahme ist nicht möglich oder folgt stereotypen Mustern bzw. kann parathym sein. Affekte werden leicht mobilisiert, können aber nicht kontrolliert und symbolisiert werden; diffuse Erregung und Sprengung des Rahmens; alter-

---

42 Arbeitskreis OPD (2023)

nativ leblos und eingemauert. Im Gegenüber entstehen Gefühle, isoliert oder hochgradig einbezogen zu sein.«

Die Objektkonstanz, also die sichere innere Bindung ist oft hochgradig verletzt:

»Das Fehlen von konstanten Bildern anderer kann zu innerer Leere führen oder durch innere, magisch anmutende Welten ersetzt werden. Die inneren (Teil-) Objekte können bizarr, unheimlich, verführerisch oder auch leblos sein. Teilaspekte können für die ganze Person stehen. Die zentrale Angst betrifft die Vernichtung von Selbst und Identität.«

Die Liste der Kriterien, die in der OPD beschrieben werden, ist viel länger, ich habe nur Beispiele ausgewählt. Mir geht es an dieser Stelle nicht um die Einzelheiten, sondern um den Zusammenhang. Ich habe ein »psychodynamisches Faktorenmodell des psychotischen Erlebens« beschrieben, in dem ich das Bedingungsgefüge psychotischen Erlebens von drei Hauptfaktoren abgeleitet habe. Diese Hauptfaktoren sind das subjektive Erleben, die objektivierbaren psychischen Fähigkeiten und die für den psychotisch Erlebenden zur Verfügung stehenden oder fehlenden Beziehungsangebote. Sie stehen nicht im Widerspruch zueinander, sondern sind als einander ergänzende Bestimmungsfaktoren wesentlich. Auch ein verstehender Ansatz sieht die Defizite, die aber nicht einfach nur und ausschließlich als Defizite, sondern auch funktional, im Dienst der Abwehr stehend, die Subjektivität schützend und ausdrückend verstanden werden können.

Anwendungen und praktische Hinweise

Im Folgenden wird nun noch zu zeigen sein, dass die Charakteristika einer psychoanalytischen Haltung keineswegs abstrakt sind, sondern sich konkretisieren lassen für Empfehlungen, die in der Psychotherapie psychotischer Störungen wichtig sind. Sehr wertvolle Hinweise dafür finden sich in dem Manual zur »Psychodynamische Psychotherapie der Schizophrenie«[43] zusammengefasst.

Tab. 4: Praktische Anwendungen

Arbeit an ...	Umsetzen durch ...
Nähe-Distanz-Konflikte	• Wiederholung pathologischer Beziehungsmuster vermeiden • Verstrickungen, Grenzüberschreitungen, Distanziertheit vermeiden • Triangulierung fördern: »erlebte Interpersonalität«
Körpererfahrungen	• Gemeinsamkeit, die sich emotional und körpernah darstellt, unterstützen • Reduzierte oder missverständliche Körpersprache ansprechen
Emotionalität	• Containing • Stellvertretende Verbalisierung von Affekten
Affektverarbeitung	• Ereignisse genau erfassen und untersuchen • Aktivieren emotional gehaltvoller Situationen • Lebendigkeit des Sprechens fördern
Förderung der Mentalisierung	• Urheberschaft (Wahrnehmen, Denken, Körpersprache) • Offenheit für und Neugier auf mentale Prozesse • Perspektivenwechsel • Autobiografisches Narrativ
Rekonstruktion des Zeiterlebens	• Zeit in der Therapie reflektieren • Zeugenschaft • Narrativ der Lebensgeschichte

Beginnen wir erneut mit der Selbstobjektdifferenzierung und den Nähe-Distanz-Konflikten, denen die Patienten, die psychotisch erleben, oft ausgesetzt sind. Die therapeutische Beziehung muss dementsprechend die Wiederholung pathologischer Beziehungsmuster vermeiden und eine

---

43 Lempa, von Haebler & Montag (2017)

Differenzierung zwischen dem Selbst und dem anderen ermöglichen. Das bedeutet unter anderem, dass der Therapeut sich nicht ausschalten lässt, sich nicht beiseiteschieben lässt, sondern in seiner Rolle stabil bleibt:

> »Der Therapeut versteht die Angst vor dem Selbstverlust hinter dem aggressiven Verhalten des Patienten. Daher wird es möglich, sich empathisch, unverkrampft, selten auch einmal etwas energisch wieder als Therapeut ins Spiel zu bringen und nicht mit unreflektierter Gegenwehr zu reagieren.«[44]

Vor allem also ist darauf zu achten, dass Verstrickungen oder Grenzüberschreitungen, aber auch eine zu große Distanziertheit vermieden werden. Ich hatte bereits darauf hingewiesen, dass es darum geht, Beziehungen zu triangulieren, und das bedeutet ja auch immer, Abstand zu wahren von anderen Personen, Abstand zu wahren von dem, was sie zu sagen haben oder einem gestisch oder mimisch vermitteln; sich von einer Meinung nicht überwältigen zu lassen, andererseits aber in Kontakt zu treten und die Beziehung aufrechterhalten. Die Patienten müssen also darin unterstützt werden, den Abstand zu den Gesprächspartnern und Bezugspersonen immer neu auszutarieren, und das geht am besten und am unmittelbarsten in der therapeutischen Beziehung. Lempa et al.[45] sprechen von »gelebter Interpersonalität«. Manche Verhaltensweisen, der massive Rückzug, eine aggressive Ablehnung lassen sich auch vor diesem Hintergrund verstehen und miteinander klären, wenn zum Beispiel die Aggressivität einer forcierten Abgrenzung dient.

Angesichts des Patienten mit einer Dysmorphophobie haben wir über die Körpererfahrungen und ihre Bedeutung gesprochen. Gerne will ich daran erinnern. Wenn wir über Beziehungen sprechen, so ist ihre Grundlage die leibliche Begegnung. Durch meinen Leib, vor allem Nachdenken, bin ich immer schon sozialisiert; leiblich bin ich auf andere bezogen. Bevor ich noch meine bewussten Intentionen zum sprachlichen Ausdruck bringen kann, habe ich mich schon leiblich auf die anderen eingestellt. Es gibt eine präreflexive Intersubjektivität des Körpers. Der große französische Leibphilosoph Merleau-Ponty[46] hat für diesen Zusammenhang den sehr anschaulichen Begriff der Zwischenleiblichkeit gefun-

---

44 Lempa G et al. (2017), S. 110
45 ebenda
46 Merleau-Ponty M (1969/1984)

den, den ich selbst sehr gerne benutze. Merleau-Ponty spricht von der »Zwischenleiblichkeit« (intercorporéité), um die Verschränkung, das – wie er sagt – »Chiasma von Leib und Welt« zu betonen, die Verschränkung zwischen meinem leiblichen Erleben und dem leiblichen Erleben der anderen. Die Zwischenleiblichkeit, also die spontane körperliche Bezogenheit zwischen Menschen zu berücksichtigen, bedeutet, Erfahrungen von Nähe und Distanz körpersprachlich zu erfassen, es bedeutet auch, auf die körperliche Resonanz, das körperlich Aufeinander-eingestellt-Sein zu achten. Das ist umso wichtiger, als bei Menschen, die psychotisch erleben, Mimik und Gestik in ihrer konventionellen Bedeutung nicht verstanden werden; oder weil überhaupt der Körperausdruck reduziert ist. Der Therapeut oder die Therapeutin muss also auch auf die körperlichen Interaktionen achten und sie unter Umständen ansprechen und klären. Wenn sich ein gemeinsames Erleben in der therapeutischen Beziehung emotional und körperlich einstellt, kann dies eine erste Verbindung oder Vertrauen schaffen. Körpererfahrungen sind emotional gehaltvolle Erfahrungen.

Als es um die Reverie ging, wurde schon angesprochen, dass emotional vieles nicht vom Patienten verarbeitet werden kann, das dann nur für den Therapeuten spürbar wird. Die Containing-Funktion, die wir auch aus anderen therapeutischen Zusammenhängen kennen, zum Beispiel in der Behandlung von schweren Persönlichkeitsstörungen, ist hier also maßgebend. Der Therapeut kann unter Umständen die Emotionen stellvertretend ausdrücken, das kann, muss aber nicht in Worten geschehen.

Weil die Intensität des Erlebens oft übermächtig und überwältigend ist, geht es darum, das Erlebte verdaubar und verarbeitbar zu machen. Insofern ist es wichtig, mit den Patienten ganz nah am Erleben zu bleiben und Ereignisse gewissermaßen unter der Lupe zu betrachten.[47]

»Insofern besteht das Vorgehen innerhalb der therapeutischen Situation weniger darin, dass der eine (der Patient) Material liefert und der andere (der Therapeut) eine verborgene Bedeutungsdimension hinzufügt, sondern darin, dass Ereignisse sozusagen bei einem gemeinsamen Spaziergang minutiös ausgeleuchtet werden.«[48]

---

47 Lempa G et al. (2017), S. 121
48 ebenda, S. 120

Wenn Patienten sich ganz von ihrer Emotionalität getrennt haben, kann es ausgesprochen hilfreich werden, emotional gehaltvolle Situationen und Erinnerungen gemeinsam zu aktivieren, dazu gehören unter Umständen Erinnerungen an Kinderbücher, an Spiele etc.

In jeder Therapie ist die Wahl der Worte wichtig, Worte können abstrakt und unanschaulich und unlebendig sein, andererseits aber auch unmittelbar berühren und – hier ist die deutsche Sprache präzise – ansprechen. Emotionalität in der therapeutischen Beziehung, Resonanzerfahrung, Übereinstimmung und Verständigung hängen also auch davon ab, wie der Therapeut Sprache als Verständigungsmittel benutzt. Der Patient selbst mag ein besonderes Verhältnis zur Sprache haben, das mit dem Fachbegriff Konkretismus beschrieben werden kann: Wir sind darauf angewiesen, die Metaphorik, die unsere Sprache enthält, rasch zu entschlüsseln. Metaphern, das sagt das Wort, erlauben es, etwas, und zwar etwas konkret Angesprochenes, als etwas anderes zu verstehen. Wir können betonen, dass etwas was wir meinen nicht buchstäblich, sondern in einem übertragenen Sinn zu verstehen ist. Genau damit beschreiben wir die Funktion der Metapher, die eben wörtlich Übertragung heißt. Diese Übertragung, diesen Überstieg kann der psychotisch erlebende Mensch unter Umständen nicht leisten. Er nimmt stattdessen die Worte in ihrer konkreten Dinghaftigkeit wahr.

Ein anschauliches Beispiel dafür hat der 2019 verstorbene Würzburger Psychiater und Psychoanalytiker Hermann Lang gegeben. Er berichtete von einem Patienten, den er langzeitlich betreut hat, der nach dem Therapiegespräch im Flur der Klinik stand und Schluckbewegungen ausführte und auf die Frage, warum er denn schlucke, ohne dass er etwas esse oder trinke, antwortete, dass er die Informationen, die er erhalten habe, nun schlucke.[49] Dieses Beispiel soll an die vorige Vorlesung erinnern, als es nämlich darum ging, das Objekt auch in der Sprache oder in den Worten wiederzufinden. Auch hier wieder gilt, was ich Ihnen immer wieder nahebringen will, nämlich dass auch die scheinbar ein Defizit anzeigende Symptomatik durchaus Sinn macht. Denn der Patient, der nach dem Therapiegespräch die Informationen schluckt, weist ja auf diese Weise

---

49 Lang H (2000), S. 320

darauf hin, dass im Gespräch für ihn etwas schwierig zu schlucken war, dass er etwas im Gespräch nicht verdauen und zu sich nehmen konnte. Die Ichfunktionen, auf die bereits hingewiesen worden ist, wieder herzustellen, kann auf unterschiedliche Weise gelingen. Empfohlen wird von Lempa und Koautorinnen[50] eine Technik, die die Mentalisierung fördert, aber auf psychotische Patienten zugeschnitten ist. Folgende Fragen sind dabei unter vielen anderen wichtig:

- Kann der Patient sich und andere als Urheber wahrnehmen?
- Gibt es Offenheit und Neugier auf mentale Prozesse?
- Gibt es Hinweise auf Urteilsverzerrungen und Denkfehler?
- Ist ein Perspektivenwechsel möglich?
- Inwieweit ist das Erleben integriert in ein autobiografisches Narrativ?

Zur Wiederherstellung der Ichfunktionen gehört auch die Rekonstruktion des Zeiterlebens. Dafür kann es hilfreich sein, mit dem Patienten zeitliche Abläufe genau zu rekonstruieren und auf zeitliche Abläufe in der Therapie hinzuweisen. Ich hatte von der Zeugenschaft und der lebensgeschichtlichen Rekonstruktion gesprochen. Sie wird in einer fortgeschrittenen Phase einer Therapie möglich werden. Dabei geht es darum, die eigenen Erfahrungen lebensgeschichtlich zu verorten, die Psychose erzählbar zu machen, sie also nicht mehr ausblenden zu müssen aus der eigenen Lebensgeschichte. Dazu gehört aber auch die Klärung der Tatsachen, bis hin zur klaren Benennung von Traumatisierungen.

Lempa et al.[51] unterscheiden prinzipiell zwei Phasen der Behandlung. In der ersten Phase, die sie als »Etablierung primärer Repräsentation« und »gelebte Interpersonalität« bezeichnen, geht es um die soeben beschriebenen Techniken, auf die ich mich hier konzentriert habe, die zum Ziel haben, die Beziehungsarbeit in der Gegenwart der therapeutischen Beziehung zu nutzen, also im Hier und Jetzt, um das Grunddilemma von Nähe und Distanz, von Intrusion und Separation zu bearbeiten, die Abgrenzung vom anderen in der Therapie zu ermöglichen und so das Ich unmittelbar zu stärken. Eine »Grammatik der Interpersonalität« wird erstellt. Das ist ein

---

50 ebenda, S. 114f.
51 ebenda, S. 108

ungewöhnlicher Ausdruck, den ich genauer untersuchen möchte. Eine Grammatik ist ein Regelwerk, das die Benutzung von Zeichen erlaubt, und zwar nach allgemein anerkannten und übereinstimmenden Bestimmungen. Es geht also auch um Lernerfahrungen, dieses Regelwerk in den persönlichen Beziehungen kennenzulernen und sich anzueignen. Ziel der ersten Phase ist das, was die Autoren »primäre Repräsentation« nennen. Es schließt sich eine zweite Phase an, die als »Etablierung sekundärer Repräsentation« und »verstandene Interpersonalität« bezeichnet wird. Diese Phase muss nicht länger beschrieben werden, sie richtet sich nach den Gesichtspunkten, die man auch sonst in der psychoanalytischen Therapie kennt, wo es um Klärung, Interpretation und Rekonstruktion geht, und zwar vor allem anhand des gemeinsamen Gespräches. Die Beziehungsarbeit hat hier zur Aufgabe, das Selbstverständnis vor dem Hintergrund der eigenen Lebensgeschichte zu erweitern, Einblick in die Dynamik der Erkrankung zu erhalten und schließlich die Krankheit als Teil der eigenen Geschichte zu akzeptieren.

Mir scheint es durchaus richtig, diese beiden unterschiedlichen Vorgehensweisen voneinander zu trennen. Allerdings würde ich vorsichtig sein, sie als Phasen, die aufeinanderfolgen, zu bezeichnen. Denn die eine Vorgehensweise verzahnt sich mit der anderen. Auch in der Psychotherapie psychotischer Störungen kann eine klare Deutung die Ichfunktionen stärken. Andererseits kann eine Deutung nicht gegeben werden, wenn nicht sichergestellt ist, dass der Patient oder die Patientin sie aufgreifen und richtig verwerten kann. Wir werden auf die verhaltenstherapeutischen Ansätze noch eingehen, und in den Zielpunkten der einzelnen Techniken treffen sich – um dies vorwegzunehmen – die Verfahren durchaus. Dies gilt aber weniger für die Grundhaltung, weshalb ich sie ausführlich dargestellt habe.

4. Vorlesung
Weitere therapeutische Verfahren

In dieser Vorlesung werden wir uns mit einigen nicht psychodynamisch ausgerichteten psychotherapeutischen Konzepten befassen. Am Anfang und ausführlich geht es um die Verhaltenstherapie.

Verhaltenstherapie

Ich beziehe mich im Folgenden auf die S3-Leitlinien der DGPPN aus dem Jahre 2019.[52]

Bekanntlich werden verschiedene Wellen in der Verhaltenstherapie definiert. Die erste bezog sich auf das Verhalten selbst, die zweite integrierte die Kognitionen und die dritte schließlich berücksichtigt immer stärker die Emotionen. Wen wir von kognitiver Verhaltenstherapie (KVT) sprechen, gehört sie im engeren Sinn zur zweiten Welle. Ich will mit ihr beginnen.

Kognitive Therapie

Die kognitive Therapie im Rahmen der Psychosentherapie richtet sich – deshalb ja der Name – auf die Kognitionen, also die Denkvorgänge der Patienten und Patientinnen, auf die Verknüpfungen, die sie vornehmen

---

52 Leitlinien Kognitive Verhaltenstherapie der Schizophrenie (2019)

zwischen ihren Gedanken, Gefühlen und Handlungen in Bezug auf gegenwärtige oder frühere Symptome, oder die Wahrnehmungen, Ansichten und Schlussfolgerungen in Bezug auf ihre Symptome, mit dem Ziel, sie neu zu bewerten.

Kognitive Verhaltenstherapie will dementsprechend einen anderen Umgang mit den krankheitsbedingten Störungen und den Symptomen erreichen. Die Patienten sollen deshalb ihre eigenen Gedanken, Gefühle und Verhaltensweisen in Bezug auf die Symptome und auf das Wiederauftreten von Symptomen erkennen. Die Therapie soll alternative Möglichkeiten zur Bewältigung der Symptome bereitstellen, die Stresssituationen vermindern und/oder die Funktionsfähigkeit in vielerlei Hinsichten verbessern.

Der Ausgangspunkt der kognitiven Verhaltenstherapie bei psychotisch erlebenden Menschen ist der folgende: Die überwiegende Mehrzahl der Patienten, die an Schizophrenie leiden, weist neben der klinisch hervorstechenden Positiv- und Negativsymptomatik auch deutliche Beeinträchtigungen in einer Vielzahl von kognitiven Funktionsbereichen auf. Betroffen sind sowohl basale Kognitionen wie Lernen und Gedächtnis, Aufmerksamkeit wie auch sozial-kognitive Prozesse (d.h. die der sozialen Interaktion zu Grunde liegenden mentalen Prozesse der sozialen Wahrnehmung, Affektdekodierung, Attribution und Theory of Mind). Diese kognitiven Beeinträchtigungen sind in einem gewissen Anteil von Patienten trotz medikamentöser antipsychotischer Behandlung weitgehend verlaufsstabil und in etwas geringerem Ausmaß bereits in Hochrisikostadien vorhanden. Kognitiven Beeinträchtigungen kommt vor allem deshalb eine besondere Bedeutung zu, weil sie eng verbunden sind mit der sozialen Funktionsfähigkeit, und zwar enger als die klinische Symptomatik. Gerade bei Menschen mit der ersten Episode einer Schizophrenie führen sie häufig zu besonderen Einschränkungen des alltäglichen Lebens. Die kognitive Verhaltenstherapie bei Psychosen basiert auf psychologischen Modellen für die psychotische Symptomatik, die vor dem Hintergrund psychologisch-experimenteller Studien erarbeitet wurden.

Einige Modelle postulieren, dass wahnhafte Überzeugungen durch eine spezifische Störung der Informationsverarbeitung (z.B. reasoning biases) und die Aktivierung von Schemata über sich und andere generiert und aufrechterhalten werden. Die voreiligen Schlussfolgerungen sind eng mit dem Ursprung und der Aufrechterhaltung von Wahnvorstellungen verbunden.[53] Das »Jumping to conclusions« wird bei Menschen mit Wahnvorstellungen mit einer Schizophreniediagnose oder einer wahnhaften Störung vorgefunden. Die Probanden mit Wahnvorstellungen zeigen eine Voreingenommenheit in der Sammlung von Informationen. Sie benötigen weniger Daten als die normale Bevölkerung, um zu einer endgültigen Entscheidung zu gelangen.

Kognitive Modelle der Negativsymptomatik schreiben – und dies ist interessant – dieser vor dem Hintergrund eines unerträglich hohen Stressniveaus eine Schutzfunktion zu. Also auch hier wird die Finalität des Symptoms berücksichtigt, wie wir sie bereits bei Stavros Mentzos kennengelernt haben und die ich ins Zentrum einer eigenen Überlegung gestellt habe. So ist es wichtig, immer wieder die Konvergenz zwischen den verschiedenen Zugangsweisen zu sehen und zu beachten. Dysfunktionale Gedanken tragen zur Aufrechterhaltung der Negativsymptomatik bei. So könnte z. B. eine negative Konsequenzerwartung (z. B. »Wenn ich meine Gefühle zeige, werden andere meine Fehlerhaftigkeit sehen«) bzw. eine geringe Kompetenzerwartung (»Ich habe nicht die Möglichkeit, meine Gefühle auszudrücken«) die Affektverflachung stabilisieren.

Eine zentrale Annahme, die die kognitive Verhaltenstherapie mit anderen Ansätzen verbindet, ist die Kontinuitätshypothese. Demnach gibt es zwischen dem unbeeinträchtigten »normalen« Erleben und psychotischen Symptomen keinen unüberbrückbaren Sprung, der durch eine Uneinfühlbarkeit des Erlebens und Symptomatik aufreißt, sondern man geht davon aus, dass es fließende Übergänge z. B. von Befürchtungen, Misstrauen, Beeinträchtigungsideen, Verfolgungswahn etc. gibt. In Bezug auf die Gestaltung der therapeutischen Beziehung wird besonderer Wert darauf gelegt, eine nichtkonfrontative, wertschätzende und unterstützende Beziehung anzubieten. Konfrontative Haltungen, wie sie prinzipiell bereits bei einer ausführlichen Exploration enthalten sind, belasten die Beziehungen und führen oft dazu, dass der Betroffene sich nicht öffnen möchte.

Zur Kontinuitätshypothese soll noch Folgendes angemerkt werden: Mittlerweile zeigt die Therapieforschung auf – und die Resultate werden in der Verhaltenstherapie durchaus zur Kenntnis genommen –, dass frühe

---

53 Juáres V & Montánchez Torres M (2016)

Traumatisierungen und Belastungen eine große Rolle in der Genese der psychotischen Störung spielen. Ich zitiere etwas ausführlicher Tanja Lincoln, die sich große Verdienste um die Verhaltenstherapie psychotischer Störung und um deren Erforschung gemacht hat:

> »Die klinische Grundlagenforschung der letzten Jahrzehnte hat sehr interessante Erkenntnisse befördert, aus denen sich relevante Ansatzpunkte für psychotherapeutische Interventionen bei Schizophrenie ergeben. Nachdem Arbeiten zum Zusammenhang von Kindheitsbelastungen und Traumata und Schizophrenie aufgrund methodischer Schwächen fast schon in Verruf gekommen waren, zeichnen neuere Studien ein eindeutiges Bild. Ergebnisse einer neueren Metaanalyse zu dem Thema verweisen auf signifikante Zusammenhänge zwischen belastenden Kindheitserfahrungen und dem späteren Auftreten einer psychotischen Störung. Personen mit einer psychotischen Störung waren fast dreimal so häufig Kindheitstraumata ausgesetzt wie Kontrollpersonen. Dies bedeutet, dass es wichtig ist, bei Psychosepatienten aktuelle Überzeugungen vor dem Hintergrund der Lebenserfahrungen zu bewerten und Berichte von Patienten über Traumatisierung nicht voreilig als Teil des Wahns abzutun. Auch chronische soziale Stressoren tragen zum Ausbruch oder zur Verschlechterung psychotischer Symptome bei. Eindeutige Nachweise liegen für Migration und das Wohnen in städtischen Ballungsgebieten vor. Einige Studien zeigen eindrucksvoll, dass reale Diskriminierungserfahrung einen Einfluss auf die Entwicklung paranoider Ideen haben könnte. Zu chronischen Stressoren zählen auch ungünstige familiäre Kommunikationsmuster (›Expressed Emotion‹).«[54]

Ich betone erneut, dass sowohl durch die Kontinuitätshypothese wie auch durch die stärkere Berücksichtigung von Kindheitserfahrungen und Traumatisierungen eine weitere Übereinstimmung zwischen den Verfahren, zumal zwischen dem psychoanalytischen und den verhaltenstherapeutischen, festgehalten werden kann.

Metakognitives Training

Nun kommen wir zu einer Variante der kognitiven Verhaltenstherapie für Psychosen, nämlich zu dem metakognitiven Training (MKT). Metakognition bedeutet Denken über das Denken. Entsprechend beabsichtigt die Behandlung, den Betroffenen psychosetypische kognitive Denkverzerrun-

---

54 Lincoln T (2015), S. 367

gen durch zahlreiche interaktive Übungen bewusst zu machen. Solche charakteristischen psychosetypischen kognitiven Verzerrungen sind z. B. Überkonfidenz, Inflexibilität und voreiliges Schlussfolgern. Dabei meint Überkonfidenz eine unangemessen hohe Zuversicht in die Richtigkeit und Angemessenheit der eigenen Urteile. Die Intervention zielt darauf ab, Strategien zur Urteilsbildung zu vermitteln und Entscheidungsprozesse zu optimieren, z. B. indem bei unklaren Situationen weitere Informationen gesammelt werden und die Urteilsunsicherheit reduziert wird. Sicherlich ist es ein Vorteil von Verhaltenstherapien, dass sie in manualisierter Form vorliegen. Für das metakognitive Training stehen Manuale für das Gruppentraining (MKT) und Einzeltherapie (MKT+) zur Verfügung.

Das MKT wird hier als Training bezeichnet, da es eine standardisiert durchgeführte Intervention ist. Auch das Einzeltherapie-Manual (MKT+) weist einen hohen Grad an Standardisierung auf, auch wenn hier die Behandlung stärker individualisiert wird. Der Fokus der Behandlung ist dennoch klar vorgegeben. Demgegenüber wird bei generischer KVT die Intervention auf der Basis einer individuellen Fallkonzeption geplant, bei der die Verbesserung der Handlungsspielräume im Vordergrund steht und kognitive Prozesse dann fokussiert werden, wenn sie im Rahmen der Problemanalyse gemeinsam mit dem Betroffenen als relevant identifiziert werden.

Kognitive Remediation

Kognitive Remediation ist definiert als eine trainingsbasierte Intervention zur Verbesserung kognitiver Prozesse (Aufmerksamkeit, Gedächtnis, Exekutivfunktionen, soziale Kognitionen oder Metakognitionen) mit dem Ziel der Dauerhaftigkeit und der Generalisierung. Damit können sekundär überdauernde Vorteile für die psychosoziale Funktionsfähigkeit erzielt werden. Kognitive Remediationsansätze und -programme unterscheiden sich derzeit noch deutlich bezüglich ihres inhaltlichen Fokus und der verwendeten Therapiestrategien: So werden je nach Programm einzelne oder mehrere basal-kognitive und/oder sozial-kognitive Funktionen adressiert, die anhand eines restitutiven Ansatzes mittels wiederholtem Trainings bei sukzessiver Steigerung des Schwierigkeitsgrads (drill &

practice) und/oder anhand eines kompensatorischen Ansatzes durch Vermitteln von Strategien zur Kompensation kognitiver Beeinträchtigungen verbessert werden sollen. Die in kognitiven Remediationsprogrammen eingesetzten Techniken und Strategien entstammen größtenteils dem konzeptuellen und methodischen Repertoire der neuropsychologischen Therapie.[55]

Mindfulness-Therapie und die Akzeptanz-und-Commitment-Therapie

Die dritte Welle der Verhaltenstherapie zeichnet sich dadurch aus, dass sie weiterhin das Verhalten und die Kognitionen einbezieht, aber in größerem Ausmaß die emotionale Reaktion des Patienten einbezieht, um das Verhältnis, dass der Kranke zu seinen Symptomen hat, zu verändern.

Zu den Therapieformen der dritten Welle gehören die Mindfulness-Therapie und die Akzeptanz-und-Commitment-Therapie (ACT). Diese Therapien wollen weniger als die bisher beschriebenen Verfahren umschriebene Probleme lösen, vielmehr konzentrieren sie sich darauf, die psychologische Rigidität der psychosekranken Menschen aufzulockern. Ziel ist es, den Einfluss der Symptomatik zu verringern. Dem zugrunde liegt die Erkenntnis, dass der Kampf gegen die Symptome, nicht aber ihre Anwesenheit das psychische Leiden ausmacht. Um diese Ziele zu erreichen, verwendet die ACT eine Vielzahl von Strategien. Es wird mit lebendigen Metaphern oder Geschichten gearbeitet, um wichtige Behandlungskonzepte zu kommunizieren, und Übungen oder Aktivitäten gewählt, um die Bereitschaft zu erhöhen, erfolgreich an der inneren Belastung zu arbeiten, die mit Verhaltensänderungen einhergeht. In der Meditation schlägt man den halluzinierenden Patienten vor, auf ihren Körper und ihre Atmung zu achten. Sie sollen die Halluzinationen wie andere mentale Ereignisse beobachten. Sie werden ermutigt, sich auf die Stimmen und Gedanken zu konzentrieren und sie kommen und gehen zu lassen, ohne sie zu bekämpfen. So sollen sie eine Einflussnahme auf die Symptome erwerben.

---

55 Müller D & Roder V (2017)

Die Therapie ACT konzentriert sich auf die Verhaltensweisen und Handlungen, die sich auf den Sinn beziehen, den man dem eigenen Leben gibt. Die persönlichen Werte werden als ein Motor angesehen, der unseren Handlungen eine Richtung verleiht, also eine Motivation. Mit Werkzeugen wie den Metaphern des Lebenskompasses oder des Lebenslaufs der Ressourcen werden die Ziele des Patienten zu erfassen versucht.

Systemische Therapien

Systemische Ansätze sind heute weit davon entfernt, Schuldzuweisungen zu machen und Familienmitglieder zur Verantwortung zu ziehen. Im Gegenteil, sie dienen dazu, einen Dialog zwischen der Familie, dem Patienten und den Therapeuten bzw. therapeutischen Instanzen herzustellen. Die Familie wird als Partner in der Behandlung angesehen, nicht zuletzt auch deshalb, weil der Abbau stationärer Behandlungen in der Psychiatrie die Helfersysteme der Familie und des sozialen Umfelds besonders fordert und herausfordert. In den Familiengesprächen soll jeder Platz haben, das eigene Leiden zu formulieren. Die Psychose eines Familienmitglieds verändert die Interaktionen und Bindungen zwischen den Angehörigen massiv. Der Beginn der Psychose ist ein Trauma für alle Beteiligten. Besonders stimmig erscheint mir, dass auch für den systemischen Ansatz das Konzept der Historisierung in Anspruch genommen wird. Auch die Familie braucht eine miteinander geteilte Geschichtsschreibung. Der Lebenszyklus einer Familie organisiert ihre gegenwärtigen zwischenmenschliche Beziehungen und strukturiert sich durch Familienrituale. Familien in Schwierigkeiten erleben eine Disharmonie zwischen den verschiedenen Rhythmen. Dabei gilt es immer, sowohl die Stärken wie auch die Verletzlichkeiten der Familien zu erkennen und auszuarbeiten.

Die Arbeit mit den Familien sollte früh einsetzen, je früher desto besser, wie man aus der Forschung mittlerweile weiß. In den Kliniken heißt das – und so habe ich es in der von mir geleiteten Klinik gehandhabt –, dass die Familie jedes Patienten oder jeder Patientin innerhalb der ersten sieben

Tage zum Gespräch gebeten wird. Wir haben dies auf die ganze Klinik ausgedehnt, besonders wichtig ist es aber für die Behandlung psychotisch erlebender Patienten.

Die Familie muss im weiteren Behandlungsverlauf nicht kontinuierlich einbezogen sein, sondern kann punktuell beigezogen werden. Es gibt also nicht nur ein »Entweder Familientherapie oder Nur Individualtherapie«, sondern ein breites Übergangsfeld. Man muss sich jederzeit darüber im Klaren sein, dass die Familie, das soziale Umfeld, dazugehört, ob man dies will oder nicht.

Die Arbeit mit der Familie muss nicht immer gleich und nicht immer gleich intensiv erfolgen. Die Pyramide der Familienhilfe zeigt, wie die Ressourcen schonend eingesetzt werden können. Die Pyramide basiert auf zwei Ideen:

1. Wenn alle Familienbetreuer (family caregivers) ihre Grundbedürfnisse befriedigt haben, dann wird nur ein kleiner Teil spezialisiertere Dienstleistungen benötigen.
2. Es liegt im Rahmen und in der Kompetenz der Basisanbieter für psychische Gesundheit, also der Hausärzte, der Psychiater, die Grundbedürfnisse der meisten Familienbetreuer einzubeziehen, zu bewerten und anzugehen.

Als in der Praxis sehr hilfreich hat sich die Versorgungspyramide herausgestellt[56]; ich will die einzelnen Stufen kurz beschreiben:
Connecting and Assessment: Diese erste Stufe dient dazu, die Angebote im Bereich der sozialpsychiatrischen Versorgung und der Familienunterstützung bekanntzumachen und die dringenden und grundlegenden Bedürfnisse der Familie zu erfassen.
Education: In einer zweiten Phase geht es darum, die Wissenslücken, die die Familien haben, zu verstehen und sie in angemessener Weise anzusprechen und aufzufüllen.
Psycho-education: In der dritten Stufe geht es um die Unterstützung der Familie in verschiedenen Formen, durch einzelne Familiengespräche, durch Online-Beratung der Familie etc.

---

56 Mottaghipour Y & Bickerton A (2005)

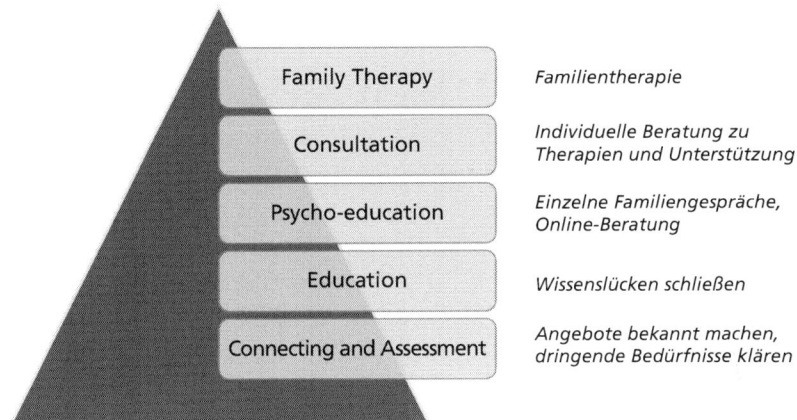

Abb. 2: Pyramide familiärer Hilfen

Consultation: In der vierten Stufe wird die Frage beantwortet, ob es für die Familienmitglieder noch andere Therapieformen und Unterstützungen geben sollte – je nach den Bedürfnissen, die sie haben.
Family Therapy: Erst die fünfte Stufe ist die eigentliche Familientherapie. Sie geht auf die Bedürfnisse aller Familienmitglieder ein und berät die Familie, unterstützt die Problemlösungsstrategien der Familie und arbeitet an den familiären Traumatisierungen

Wichtig ist es, Zeit darauf zu verwenden, das richtige und angemessene Setting zu finden, um die Familie zu versammeln. Die Vorbereitung des Settings hat durchaus selbst eine therapeutische Qualität, weil es oft gar nicht leicht ist, den Widerständen der Angehörigen zu begegnen oder die intrafamilialen Spannungen zu überwinden, um alle Mitglieder einer Familie um einen Tisch zu versammeln.

Zu berücksichtigen ist, dass die psychotischen Störungen aus dem schizophrenen Formenkreis überwiegend in der Adoleszenz und im frühen Erwachsenenalter beginnen. In dieser Zeit sind die Familienangehörigen ohnehin mit den Ablösungsprozessen der Jugendlichen besonders herausgefordert. Wenn dieser scheitert, steigert sich die Belastung für alle Beteiligten enorm.

Fallbericht

Die Mutter einer mittlerweile erwachsenen Tochter wendet sich an mich, um sich von mir beraten zu lassen, was für ihre Tochter, die sozialpsychiatrisch behandelt wird, gut sein könnte. Die Tochter hat eine schizoaffektive Störung, ist nach dem Abitur aus ihrem Studium herausgerissen worden, hat Wahngedanken entwickelt, schwerste Konzentrations- und Antriebsstörungen. Sie hat einer antipsychotischen Medikation zugestimmt, hat dabei ca. 50 kg zugenommen.

Mir fällt auf, dass die Mutter sehr erwachsen und auf gleicher Augenhöhe mit der Tochter umgeht. Sie, die im Beruf ausgesprochen durchsetzungsfähig und kraftvoll reagiert, konfrontiert die Tochter kaum, weder mit ihren Defiziten, die sie selbst übersieht, weil sie nur ihre Potentiale beschreibt, noch mit ihren Grenzen. Sie richtet sich immer nach den Wünschen der Tochter, ist stolz darauf flexibel zu reagieren und ihr entgegenkommen zu können. Sie ist »ihre Tochter«, auch äußerlich ihr ähnlich, sie empfindet sich als verwandt mit ihr. Sie übersieht dadurch auch das, was am augenfälligsten sein könnte, nämlich das groteske Übergewicht einer mittzwanzigjährigen Frau.

In den Therapiegesprächen wird deutlich, dass es meist um die kranke Tochter, kaum je um die jüngere Tochter geht, die einen normalen Weg genommen hat, auch kaum um den Ehemann. Es stellt sich heraus, dass dieser fremdgegangen ist, während der allein verbrachten Ferien. Sie hat auch dort sich nichts anmerken lassen, hat – wie immer – ruhig reagiert. Die am häufigsten wiederkehrende Redewendung ist: »Jetzt ist das halt so« – sie stellt sich ein auf das, was ihr begegnet. An ihrer Stelle ficht die kranke Tochter mit dem Vater den Streit aus, den sie nicht führt. Der Vater fühlt sich sehr oft angegriffen durch die Tochter.

Die Tochter, so verdichtet sich mein Eindruck, lernt es nicht, die Generationengrenzen zu sehen und sich mit ihnen auseinanderzusetzen. Sie muss die Eltern als Partner, die eine eigenständige, von ihr unabhängige Beziehung zueinander haben, gar nicht akzeptieren, besser gesagt: Sie kann sie gar nicht akzeptieren. Auf der Seite der Mutter fehlen auch die Grenzen zwischen der Selbst- und der Objektwahrnehmung. Die kranke Tochter ist ihr Kind, und deshalb ist sie zuversichtlich, dass sie sich durchsetzt. Sie selbst hat es ja auch geschafft! Sie hatte als Kind mit gravierenden körperlichen Benachteiligungen zu kämpfen, die ihr viel Spott und viele Einschränkungen in der Kindheit eingebracht hatten. Sie hat, sehr erfolgreich, dagegen gekämpft und sie mehr als überwunden. So wird es, so ihre Überzeugung, die Tochter schlussendlich auch tun – sich durchsetzen gegen alle Widerfahrnisse. Damit missversteht sie das Leiden der Tochter.

Die Therapie ist im Schwerpunkt auf zwei Foki ausgerichtet:

- Mir erscheint es entscheidend, dass das Elternpaar sich stärker miteinander befasst und die Paarbeziehung klärt, und damit einen Bereich etabliert, zu dem die Kinder keinen Zugang haben bzw. haben müssen.
- Außerdem gilt es, dass die Mutter die Behinderung der Tochter überhaupt sehen und würdigen kann, ohne die eigene Zuversicht aufzugeben. Bislang aber hindert die Gleichsetzung zwischen der Tochter und ihr selbst die adäquate Wahrnehmung ihres Leidens.

Auswertung des Fallbeispiels

Das Setting ist ungewöhnlich; es war keine Familientherapie im engeren Sinne möglich, aber immerhin hat sich ein Teil des Systems, die Mutter, in Therapie begeben, und so konnte das Familiensystem überhaupt bewegt und verändert werden. Innerhalb der Pyramide der Familienunterstützung bewege ich mich also auf der Stufe vier, der Stufe der Konsultation.

Es ging darum, der Mutter zu helfen, die Augen für das Leid der Tochter öffnen zu können und Trauerarbeit zu leisten, die in einer Parallelbewegung die eigene zugelassene lebensgeschichtliche Trauer (um die eigene Entwicklung) und insbesondere die Trauer um die Tochter bzw. den Abschied von einem Wunschbild zu leisten.

Der Schritt, eine Therapie in Anspruch zu nehmen, kam in diesem Fall spät, nämlich erst Jahre nach der Ersterkrankung der Tochter, aber immerhin erwies sich der Schritt auf lange Sicht als ausgesprochen hilfreich.

Psychopharmakologie und Psychotherapie

Ich erinnere mich daran, dass ich vor vielen Jahren von biologisch denkenden Psychiatern gehört habe, dass die Psychotherapie als Complianceförderung zur besseren Medikamentenverordnung ihren Wert hat. Abgesehen von der Entwertung der Psychotherapie, die damit ausgesprochen ist, bleibt dieser Standpunkt auch immanent einseitig, weil die Medikamentenwirkung zwar in allen Einzelheiten neurobiologisch erfasst wird, beziehungsdynamische Aspekte der Medikamentengabe aber in der Analyse der Medikamentenwirkung nicht berücksichtigt werden.[57] Das gleiche gilt aber auch umgekehrt: Psychopharmaka wurden lange Zeit in der Psychotherapie zwar gegeben, der damit verbundene Wechsel in der Behandlungskonzeption wurde aber nicht reflektiert. Viele Psychotherapeuten, gerade auch Psychoanalytiker, vertreten eine dynamische Konzeption, in der Medikamententherapie nur als ultima ratio zugelassen ist, gleichsam als Versagen der eigenen Möglichkeiten, über das zudem noch geschwiegen wird – Medikamente sind nötig, vielleicht auch aus rechtlichen Gründen zwingend. Eine merkwürdige Stummheit umgibt diese zusätzliche Behandlung, die fast schamvoll verschwiegen wird und nicht zum Gegenstand des therapeutischen Gesprächs wird. Neuere Untersuchungen gehen aber von einer Quote von 20 bis 35 % Psychopharmaka-Einnahme während Psychoanalysen aus[58], in Psychotherapien wird der Anteil noch viel größer sein – Grund genug, gegen diese Scham anzukämpfen. Die Forschung tut ihr Übriges und weist darauf hin, wie wichtig eine Kombination von pharmako- und psychoanalytischer Therapie sein kann: »Neuere Studien belegen eindeutig die Effizienz der Kombination von Psychopharmakologie und psychoanalytischer Therapie. Nun richtet sich die Aufmerksamkeit auf die Indikationen und Kontraindikationen einer integrierten Behandlung.«[59]

---

57 Küchenhoff J (2005)
58 Cabaniss D & Roose S (2005), S. 399
59 Lebovitz P (2004), S. 585; eigene Übersetzung

Allerdings reicht es nicht aus, die Kombination als effektiv zu betrachten und die Indikationen festzulegen. Notwendig sind mindestens drei weitere, bis heute nicht oder unzureichend genutzte Schritte:

- *Die beziehungsdynamische Reflexion der Bedingungen der Psychopharmaka-Verordnung:* Ist es sinnvoll oder falsch, dass der Therapeutin, wenn er denn Arzt ist, die Medikamente selbst verschreibt, oder sollte er einen externen Psychiater mit dieser Aufgabe betrauen? Wenn er dies tut und einen anderen beauftragt, sollte dieser mit ihm Kontakt haben oder nicht? Kommt der Verordnung von Psychopharmaka ein Sonderstatus zu, oder sollte sie behandelt werden wie jeder andere Einflussfaktor?[60]
- *Die klinisch-praktische Klärung des Verhältnisses von Psychotherapie allgemein und Psychopharmakologie:* Dabei muss detaillierter und spezifischer vorgegangen und die Krankheitsdynamik ebenso wie die Art des verordneten Medikaments berücksichtigt werden. Es macht einen Unterschied, ob in der akut psychotischen Dekompensation Medikamente gegeben werden oder in der depressiven Verstimmung. Vor allem aufgrund der sehr unterschiedlichen Nebenwirkungsprofile sind Antipsychotika in ihrem Einfluss auf die Therapie anders zu gewichten als Antidepressiva oder Tranquilizer.
- *Die theoretische Klärung des Verhältnisses von Psychopharmakologie und Psychotherapie:* Es ist erstaunlich, wie wenig dieses Verhältnis reflektiert worden ist, obgleich sich in den letzten Jahren zunehmend viele Veröffentlichungen mit dem Thema befassen. Aber eine schlüssige integrative Theorie fehlt bislang.

Mintz und Belnap haben zurecht eine psychodynamische Psychopharmakologie gefordert, ihr Argument lässt sich ebenso auf andere Verfahren ausdehnen, denn in allen spielt die therapeutische Beziehung die zentrale Rolle; Mintz und Bellap definieren aus der Perspektive der Psychopharmakologie folgendermaßen: »Psychodynamische Psychopharmakologie ist eine Disziplin, die ausdrücklich die zentrale Rolle der Bedeutung und der interpersonellen Faktoren in der psychopharmakologischen Behandlung

---

60 Olesker W (2006)

anerkennt.«[61] So wichtig diese Facette ist, so unvollständig ist sie, wenn wir aus der Perspektive der psychoanalytischen Praxis fragen, wann, unter welchen Bedingungen und in welchen dynamischen Konstellationen Psychopharmaka in der Analyse oder analytische Psychotherapie wichtig werden. Das wäre der Gesichtspunkt einer »psychopharmakologisch informierten Psychoanalyse«.

Modelle der Integration von Psychoanalyse und Psychopharmakologie

Die soeben scheinbar leichtfertig hingeworfene Aussage, dass schlüssige integrative Theorien fehlten, soll im Folgenden begründet werden. Zunächst ist der abgenutzt verwendete, unbedacht gebrauchte, aber doch so wichtige Begriff der Integration zu klären. Andernorts habe ich das versucht; dort wurde Integration, in Abhebung von Methodenvielfalt, Eklektizismus und Synergie folgendermaßen definiert:

> »Integer (lat.) meint unberührt, neu, rein, unbescholten, ganz. Eine integrative Therapie führt Behandlungselemente nicht einfach zusammen, um von den gemeinsamen Kräften zu profitieren, sondern es entstehen neue Modelle. Die integrative Therapie baut ganzheitliche Konzepte auf, sie können ihre Wurzel in bekannten Elementen haben, aber sie gehen vollständig auf in der Integration, ein ganzheitliches Konzept wird neu gebildet.«[62]

Die allgemeinen Merkmale eines Integrationsprozesses lassen sich gut an der Integration von Psychotherapie und Psychopharmakologie ablesen.

- Methodenvielfalt wird dann angewandt, wenn Psychotherapie und Psychopharmakotherapie nebeneinander praktiziert werden, ohne dass die unterschiedlichen Therapiestandpunkte aufeinander bezogen werden.
- In einem eklektisches Vorgehen wird die eine Therapie, also z.B. eine Psychoanalyse, für das eine Ziel, etwa die Bearbeitung eines ödipalen Konflikts, die andere, z.B. die Pharmakotherapie, für ein anderes Ziel,

---

61 Mintz D & Belnap B (2006), S. 581; eigene Übersetzung
62 Küchenhoff J (2009a), S. 14

die Stimmungsaufhellung, eingesetzt. Die Ziele werden definiert, die als geeignet angesehenen Verfahren ausgewählt, ohne ihre Wechselbeziehungen zu berücksichtigen.
- Synergistisch werden die beiden Therapieformen eingesetzt, wenn die Wechselwirkungen zwischen den Verfahren berücksichtigt werden. Sie sollen »zusammen arbeiten«, so die wörtliche Übersetzung von Synergie, sie sollen einander in der Wirkung unterstützen.
- Eine Integration ist dann erreicht, wenn eine neue Behandlungskonzeption entwickelt worden ist, die psychopharmakologische und psychoanalytische Behandlungsansätze in einer überwölbenden klinischen Theorie »zusammendenkt«.

Eine Polypragmasie, darauf wurde einleitend schon hingewiesen, herrscht vor: Oft genug scheint die eine Hand nicht zu wissen, was die andere tut. Die Praxis ist ansonsten allenfalls eklektisch; dann wird die Gabe der Psychopharmaka i. d. R. mit der Schwere der Symptomatik begründet, Ziel der medikamentösen Intervention ist es dementsprechend, den Leidensdruck zu mindern – während die Psychotherapie einem anderen Ziel, etwa Symptomverstehen oder Verhaltensbeobachtung, zu dienen scheint. Methodensynergistische Überlegungen, also die Untersuchung, wie sich Psychotherapie und Psychopharmakotherapie miteinander verschränken, sind viel zu selten: Wie greift das Medikament in die Beziehung ein? Wie gestaltet sich die therapeutische Beziehung zum Psychotherapeuten und zum Pharmakotherapeuten? Wie sehr erlaubt Psychotherapie eine Aufklärung der Medikamentenwirkung? Ein integriertes Modell müsste beide Therapieansätze in ihren Wirksamkeiten und in ihren Wechselwirkungen begreifen und umgreifen.

Schritte in Richtung solcher integrierten Modelle sind in den letzten Jahren vermehrt auf neurobiologischer Grundlage gemacht worden, mit dem Ziel, die neurobiologischen Effekte der Psychotherapie und der Pharmakotherapie zusammen zu denken. Als Beispiele dienen folgende Konzepte:

- Die auf der modernen Genetik basierenden Modelle, die genetische Determiniertheit und peristatische Einflüsse verknüpfen, indem sie Umwelteffekte nicht als Eingriff in das genetische Material, aber doch in

das Ablesen der Gene, die sog. Genexpression, verstehen. Diese Modelle erlauben es, die Wirkungen von Psychotherapie so zu bestimmen, dass sie in die Aktivierung genetischen Materials eingreift, also indirekt in die biologischen Prozesse. Medikamente hingegen verändern die biologischen Reaktionsmuster direkt. So entsteht eine Ergänzungsreihe indirekter und direkter biologischer Veränderungen.[63]
- Die Modelle des Zusammenhangs zwischen Entwicklungstraumatisierung und Veränderung der Hirnfunktionen. Sie zeigen auf, wie Umwelt auf die neurobiologischen Lebensgrundlagen einwirkt, dass sich gerade die frühen lebensgeschichtlichen Schwerstbelastungen im neuronalen Netzwerk niederschlagen. Diese biologischen Narben erzeugen eine somatische Vulnerabilität, die empfindlicher und weniger resistent macht, sodass geringere negative psychosozialen Erfahrungen wie Retraumatisierungen erlebt werden und schließlich zu neurobiologischen Dekompensationen führen. Die Psychotherapie arbeitet dann an der erfahrungsbestimmten Vulnerabilität, die Medikation an der biologischen Entgleisung, gewissermaßen an zwei pathogenetisch zu unterscheidenden Zeitpunkten in der Genese des Krankheitsbildes.[64]
- Die Modelle einer gemeinsamen Endstrecke von Psychopharmaka- und Psychotherapiewirkung. Sie gehen von den empirischen Befunden aus, die aufzeigen, dass sich die neurobiologischen Wirkmechanismen von Psychotherapie und Psychopharmakologie gleichen.[65] So werden die Effekte von beiden vergleichbar, weil sie zu identischen oder zumindest ähnlichen biologischen Folgen führen.

Seltener sind Modelle, die von einem psychopathologischen oder einem psychodynamischen Ausgangspunkt her kommen, die also die Krankheitsentstehung als dynamischen psychologischen Vorgang zu begreifen versuchen und nach Kenntnis der Psychopathogenese die Therapieeffekte erklären bzw. die vorhandenen Befunde einschreiben in die Krankheitstheorie.

---

63 Gabbard G (2000a,b)
64 Mentzos S (1993)
65 Viinamäki H et al. (1998)

Stavros Mentzos[66] hat in seinen psychodynamischen Konzepten der Psychosentherapie die medikamentösen Effekte so beschrieben, dass die emotionalen Übererregungen eingeschränkt werden, mit der Folge, dass psychotische Abwehrvorgänge überflüssig werden, und – darüber hinaus – dass eine chemisch einsetzende Icheinschränkung die Wahrnehmungsfähigkeit retardiert und einschränkt, im Grunde also ein chemischer Ersatz für Abwehrmechanismen bereitgestellt wird. Der Druck der Emotionen weicht, das Ich ist weniger durchlässig – mit der Folge einer Rekompensation, die dann psychotherapeutische Arbeit wieder ermöglicht.

Um integrative Modelle im oben definierten Sinn handelt es sich bei den genannten Modellen nicht. Sie sind wichtig als Versuche, aus unterschiedlichen Perspektiven die klinische Praxis theoretisch zu fundieren. Allerdings sind sie zu allgemein, um spezifisch und konkret mit der psychoanalytischen Praxis vermittelt werden zu können. Die grundlagenwissenschaftliche Absicht verstellt zudem den Zugang zum psychoanalytisch naheliegendsten Sachverhalt, nämlich der Frage, was die beziehungsdynamischen Folgen einer Medikamentengabe sein könnten. Dieser Frage wird das folgende Kapitel nachgehen.

Beziehungsdynamik der Psychopharmaka-Verordnung

Was verändert sich in der therapeutischen Beziehung, wenn im Rahmen und im Verlauf einer Psychotherapie Psychopharmaka verordnet werden?[67]

Zunächst ist die Verordnung eines Medikaments an einen Diskurswechsel geknüpft – das Wort Verordnung ist dafür bereits treffend. Der verordnende Arzt ist Fachmann, er muss in diesem naturwissenschaftlichen Feld auch Experte sein. Er muss auswählen, muss empfehlen, muss aufklären und überwachen. Sobald ein Medikament verordnet wird, wird also eine medizinische Beratungs- und Expertensituation geschaffen. Arzt und Patient verpflichten sich einem medizinischen Diskurs. Man kann den Wechsel übersehen (wollen) oder sich den Diskurswechsel nicht bewusst machen, vermeiden lässt er sich nicht.

---

66 Mentzos S (1993)
67 Abel-Horowitz J (1998)

4. Vorlesung Weitere therapeutische Verfahren

Wenn nun der Psychotherapeut selbst die Medikamente verordnet, dann bietet die ärztliche Funktion, die er im medizinischen Diskurs einnimmt, eine Folie, auf die Übertragungen projiziert werden. Der Therapeut wird zum strafenden Vater, zur behütenden und sorgenden Mutter, zum abwesenden und aus der Ferne machtvoll agierenden Elternteil, wie auch immer.[68] Der Diskurswechsel selbst löst Fantasien aus. Gehen wir von dem Fall aus, dass der Therapeut seinen Patienten eine lange Zeit in einem analytischen Setting behandelt und der Patient immer depressiver wird, sodass der ärztliche Analytiker sich entschließt, Antidepressiva zu verordnen: Was vermittelt er dem Analysanden mit dieser Empfehlung oder Verordnung? Sie prägt die Übertragung, die Veränderung in der Beziehung wird auf dem Hintergrund der eigenen lebensgeschichtlichen Beziehungserfahrungen interpretiert. »Mein Therapeut weiß sich nicht mehr zu helfen«, »Ich bin nicht therapierbar«, oder: »Er sorgt sich um mein Wohlergehen« oder »Er schickt mich weg, er ist das Reden mit mir leid.« – Wohlgemerkt, diese unvermeidbaren Folgen des Diskurswechsels sprechen nicht zwingend dafür, die Verordnung auf zwei verschiedene Personen zu verteilen. Es hängt vom Selbstverständnis des Therapeuten ab, von seiner Fähigkeit, beide Diskurse zu bedienen und zugleich analytisch den Diskurswechsel zu reflektieren und zu deuten. Das mag sehr schwierig sein, die Gefahr einer unprofessionellen Medikamentenbehandlung ist ebenso wenig zu unterschätzen wie eine analytisch unbearbeitete Verschreibung. Auf der anderen Seite ist es vorteilhaft, dass die so verschiedenen Behandlungspraktiken nicht voneinander isoliert ablaufen. Die Delegation an einen Dritten führt mit höherer Wahrscheinlichkeit zu einer Projektion der mit der Medikamentengabe verbundenen Problematik, die dann in der Analyse nicht mehr deutend aufgegriffen wird.

Mit dem Pharmakon betritt ein drittes Element die therapeutische Szene, das Medikament selbst. Es ist nicht nur – sonst gäbe es keine Placebowirkung – chemische Substanz mit neurochemischen und anderen Effekten, sondern auch Bedeutungsträger, Träger einer Selbst- oder einer Objektfantasie: »Ich brauche, um vollständig zu sein, eine Krücke, allein bin ich defekt« – so die Phantasie einer Patientin, die die Medikation in ihr

---

68 Kapfhammer H (1997)

Selbstbild integriert hatte, als Bestätigung ihrer Überzeugung, niemals aus eigener Kraft leben zu können.

Ein Patient mit der Diagnose einer Schizophrenie, den ich psychotherapeutisch viele Jahre lang begleitete, wünschte ab und zu eine Veränderung der – von ihm insgesamt sehr gut tolerierten – neuroleptischen Medikation. Sobald ich zustimmte und noch bevor sie realisiert wurde, wurde er unruhig: Das Medikament war ein Rahmen, garantierte so etwas wie eine häusliche Ordnung, die der Patient infolge seiner Psychose gründlich verloren hatte. Die Veränderung signalisiert dann: es ist nicht mehr alles beim Alten, und damit schon der Anfang vom Ende.

Schließlich ist den meisten Therapeuten die phobische Patientin gut vertraut, die den Tranquilizer in der Handtasche bei sich hat, steuerndes Objekt oder Übergangsobjekt, Erinnerung an den Therapeuten, konkretistisches Element einer Verbindung mit ihm.

Zur dynamischen Psychopharmakologie gehören die Übertragungen des Psychiaters und die Anleitung seines Handelns durch Gegenübertragungen.[69] Nicht nur der Patient, auch der Analytiker selbst überträgt auf das Medikament, das zum Symbol seiner Selbstunsicherheit werden kann, oder zum unerwünschten, aber tolerierten Dritten, Angriff auf das eigene psychotherapeutisches Ichideal, nur geduldet, nicht wirklich angenommen. Wichtiger noch die Gegenübertragungen.[70] Schon die Indikationen zur Medikation folgen unter Umständen einer Gegenübertragungseinstellung; die Verordnung kann eine Reaktion auf den Hilferuf des Patienten sein, aber auch ein Versuch, sich seiner zu entledigen. Wie doppeldeutig ist doch eigentlich die Formulierung, es werde ein Mensch ruhig gestellt. Das klingt, wörtlich genommen, beruhigend, schonend, und hat doch im Sprachgebrauch eine Tönung von Gewalt, von Fremdbestimmung.

---

69 Rubin J (2001)
70 Purcell S (2008)

Operationalisierte Psychodynamische Diagnostik als Hilfsmittel zur Reflexion der psychodynamischen Aspekte der Psychopharmakologie

Psychopharmakagaben verändern die therapeutische Beziehung und die Übertragungsbereitschaften, sie werden je nach dem vorherrschenden psychischen Konflikt mit anderer subjektiver Bedeutung aufgeladen, sie können aber auch die Ichfunktionen stützen und damit die Struktur stabilisieren. Schließlich sind sie mit einem Wechsel des therapeutischen Diskurses verbunden, der sich wiederum auf die Behandlungsmotivation, die subjektiven Krankheitstheorien oder das Krankheitserleben auswirken kann. Die genannten vier Perspektiven lassen sich in einfacher Weise ordnen; sie entsprechen nämlich den Dimensionen, die für die Achsenbeschreibungen der Operationalisierten Psychodynamischen Diagnostik (OPD) gewählt worden sind. Die folgende Auflistung fasst das Gesagte in Frageform zusammen und bezieht es zugleich auf die Achsen der OPD:

1. Was verändert sich durch Medikamentengabe in Krankheitstheorie, Krankheitseinsicht und Krankheitsverarbeitung? (Perspektive der Achse 1)
2. Wird die durch Medikation veränderte Therapeut-Patient-Beziehung in ein Beziehungsmuster eingebaut, und wenn ja: in welches? (Perspektive der Achse 2)
3. Steht das vorherrschende Konfliktmuster in Einklang oder in Dissonanz zur Medikamentengabe? Befriedigt es z. B. eine passive Variante des Versorgungs-Autarkie-Konfliktes, gefährdet sie die aktiv kompensierten Autonomie-Abhängigkeits-Probleme? (Perspektive der Achse 3)
4. Wie wirkt sich ein Medikament auf Elemente der Struktur aus? Beeinflusst es die Toleranz für negative Affekte? Verstärkt es die Fähigkeit zur Selbststeuerung oder trägt es seinerseits zur Übersteuerung bei? Erlaubt es, ein stärkeres Gefühl der eigenen Identität festzuhalten, oder macht es umgekehrt gleichgültig gegenüber den zeitlich-biographischen Wurzeln der Identitätserfahrung? (Perspektive der Achse 4)

Schlussfolgerungen

Das Verhältnis von Psychopharmakologie und Psychotherapie wird nicht durch Parteinahme entschieden; es ist nichts gewonnen, wenn von psychotherapeutischer und insbesondere von psychoanalytischer Seite die Psychopharmakagabe genauso verunglimpft wird wie umgekehrt die Psychotherapie gerade der psychotischen Störungen von biologisch orientierten Psychiatern. Es gibt Situationen, in denen vielen Psychotherapeutinnen und Psychotherapeuten der Rückgriff auf eine antipsychotische oder antidepressive Medikation unvermeidlich erscheint. Was es freilich nicht geben sollte, sind unreflektierte und unanalysierte Eingriffe in eine Behandlung. Wie es nicht anders sein kann, ist die Gabe von Psychopharmaka, erfolge sie nun direkt oder indirekt, in ein Übertragungs- und Gegenübertragungsgeschehen eingelassen – und in diesem Zusammenhang erhält sie eine Bedeutung. Allerdings gilt dies auch im umgekehrten Fall: Dort, wo die Symptomatik und das Leiden eine pharmakogene Entlastung nahelegen könnten, diese aber nicht gesucht wird, ist die Entscheidung gegen die Verordnung ebenso sehr in das analytische Beziehungsgeschehen eingelassen und psychoanalytisch aufzuarbeiten.

Zu einfach wäre es ebenfalls, die Medikamenteneffekte nur als Suggestion und Placebo anzusehen, auch wenn diese ganz offensichtlich wichtig sind. Stattdessen ist ein Denken in strukturalen Zusammenhängen angezeigt, das davon ausgeht, dass Veränderungen von vielen Seiten einer Struktur angestoßen werden können. Das bedeutet, dass auch psychische Veränderungen, z.B. die Stabilisierung des Selbsterlebens oder eine steigende Verfügbarkeit über das eigene Denken, Erleben und Handeln, von verschiedenen Seiten ausgelöst werden können, und eben auch von einer neurobiologischen Umstellung, wie ein Psychopharmakon es evtl. vermag. In Strukturzusammenhängen zu denken heißt zu berücksichtigen, dass ein Einfluss, der an einer Stelle ansetzt, sich auf das Ganze auswirkt. Wenn die gedankliche Einengung des zuvor in wahnhaft anmutende Schuldzusammenhänge verstrickten depressiven Menschen sich auflockert, verändern sich u. U. zugleich die Stimmung, der Antrieb, und damit die Möglichkeit, in einer Psychotherapie arbeiten zu können. Das mag für die Allmachtsfantasien des Psychotherapeuten oder der Psychotherapeutin kränkend sein; aber die Nützlichkeit der Medikation anzuerkennen, kann zwar die

Omnipotenzgefühle verletzen, schränkt aber ansonsten in keiner Weise die Bedeutung therapeutischer Arbeit ein. Im Gegenteil: Denn nur sie ist prinzipiell bereit und in der Lage, die Gesamtsituation zu berücksichtigen, die persönliche Befindlichkeit und das subjektive Erleben nicht nur des Analysanden, sondern auch des Analytikers und ihre Beziehungsdynamik. Durch die dem psychoanalytischen Verfahren eigene Selbstreflexivität ist es möglich, dass der Analytiker sich nicht als der scheinbar Allwissende aus dem Prozess herausnimmt, sondern sich als Teil des Prozesses begreift, der zum Gegenstand der Analyse wird. Die Medikation macht etwas mit dem Patienten, aber auch mit dem Analytiker, ebenso wie beide etwas füreinander oder gegeneinander machen, wenn sie beide Medikamente bejahen oder nur einer sie verordnet. Für den psychoanalytischen Prozess ist auch hier entscheidend, dass die Medikation in das analytische Verständnis eingeschlossen bleibt und als ein temporär wirkender Faktor, der im Laufe der Behandlung sich überflüssig macht, angesehen werden kann.

5. Vorlesung
Klassifikationen und ihre Grenzen; Manie und Depression

In dieser Vorlesung geht es zu Beginn um die diagnostische Klassifikation. Unsere Klassifikationssysteme sind deskriptiv gehalten, schreiben therapeutische Vorgehensweisen also nicht vor. Und doch sind sie, gerade was die psychotischen Störungen anbelangt, wichtige Voraussetzungen für das klinische Vorgehen. Aber sie können auch einengen. Im zweiten Teil wird es um Manie und Depression gehen, die bisher keine große Rolle gespielt haben.

Klassifikation und diagnostische Inventare

Fallbeispiel

Eine etwa 50 Jahre alte Frau wird stationär auf einer Psychotherapiestation einer psychiatrischen Klinik behandelt. Ihre Diagnosen lauten »histrionische Persönlichkeitsstörung« und »dissoziative Störung«. Mit dissoziativer Störung wurde eine Konversionsstörung umschrieben, die Patientin schilderte starke Missempfindungen im Bereiche des Unterleibes und des Genitales. Die histrionische Seite ihrer Persönlichkeit wurde außerdem darin gesehen, dass sie sich von ihrem Ehemann, der sehr rührend um sie besorgt war, dringend trennen wollte. Als sie in einem Kaufhaus einkaufen ging, also in einer ganz alltäglichen Situation, sah sie einen jungen Mann, etwa halb so alt wie sie selbst, der eine Faszination auf sie ausübte; so erschien es jedenfalls. Sie sprach ihn an, verabredete sich mit ihm, ging dann aber nicht zur Verabredung, auf die er sich eingelassen hatte, suchte nach vielen Wochen wieder den Kontakt zu ihm, das Spiel wiederholte sich ein paar Mal, bis der junge Mann kopfschüttelnd und empört sich jeden weiteren Kontakt verbot. Daraufhin geriet die Patientin in eine suizidale Krise. Sie nahm vier Monate lang am Psychotherapieprogramm Teil, war kontaktbereit und nahm an den Gruppenaktivitäten teil, war zugleich aber auch sehr fordernd, entwertete die Therapie und erschien sehr überheblich. Immer wieder aber äußerte sie drängende Suizidgedanken, die den Therapeuten ebenso große Sorgen machten wie die Tatsache, dass sich nichts veränderte und verbesserte.

In der Supervision konnte die Psychopathologie noch einmal überprüft werden. Es ging um die Klärung der Körpermissempfindungen und der Beziehung zum jungen Mann. Offenbar hatten beide miteinander zu tun. Sie erlebte die Begegnung im Kaufhaus wohl durchaus, wie dies vom Team der Psychotherapiestation vermutet worden war, als eine Verführungssituation. Aber hier ging es nicht um verdrängte Sexualität. Vielmehr erlebte sie konkretistisch einen Einfluss, der von diesem jungen Mann ausging, der die Macht hatte, über ihre genitale Erregung zu verfügen, sie zu beeinflussen, Zugriff zu haben auf ihren Körper, ihre Gedanken auch in der Abwesenheit und über lange Zeit hin dirigieren zu können. So betrachtet, musste die Diagnose verändert werden. Offenbar hatte sich bei der Patientin eine wahnhafte Störung ausgebildet.

Das Kernsyndrom der wahnhaften Störung ist das Auftreten isolierter wahnhafter Symptome, als Zeitkriterium wird eine Dauer von mindestens drei Monaten im ICD-11 angegeben. Halluzinationen oder schwere Denkstörungen werden zwar nicht zu diesem Krankheitsbild hinzugezählt, dennoch – so die Formulierung – können wahnkongruente Sinnestäuschungen auftreten. Das ist hier der Fall, die Körpersensationen sind als leibgebundene Halluzinationen oder als zönästhetische Störung aufzufassen. Diese wahnhafte Störung war offensichtlich weder teilweise noch vollständig remittiert, sondern blieb über viele Monate hin aktiv.

Die Folgen der veränderten Diagnosestellung für die Therapie waren in diesem Fall bedeutsam. Dass die Therapie im Rahmen der auf Persönlichkeitsstörung spezialisierten Psychotherapiestation nicht geholfen hat, konnte nun so verstanden werden, dass die Patientin offenbar überfordert gewesen ist, dass sie ein stärker auf Einzeltherapie bezogenes Setting brauchte. Außerdem konnte nun der Versuch gemacht werden, durch eine antipsychotische Therapie die Symptomatik zurückzudrängen.

Das Beispiel dient dazu, die durchaus trockene Materie der diagnostischen klassifizierenden Einordnung lebendiger werden zu lassen und ihre Bedeutung nicht zu unterschätzen.

Von ICD-10 zu ICD-11

Im Folgenden soll es nach diesen langen Vorbemerkungen darum gehen, die neuen Klassifikationen der Psychose dazustellen. Ich beginne mit der Schizophrenie.

Schizophrenie

Das ICD-11 führt die Erkrankungen »aus dem schizophrenen Formenkreis« in einem Kapitel mit dem Titel »Schizophrenie und andere primäre psychotische Störungen« auf. Der Begriff »primär« grenzt diese Störungsgruppe von sekundären psychotischen Störungen ab, die gesondert als »sekundäres psychotisches Syndrom« abgehandelt werden. Im gleichen Kapitel werden neben der Schizophrenie noch die schizoaffektive Störung, die schizotype Störung, die wahnhafte Störung, die wir soeben schon abgehandelt haben, die akuten und vorübergehende psychotische Störungen, andere spezifizierte Störungen aus dem Bereich der Schizophrenie und andere primäre psychotische Störungen und Schizophrenie und die Restkategorie anderer primärer psychotischer Störungen, unspezifiziert, erwähnt.

Tab. 5: ICD-11-Klassifikation schizophrener und anderer primärer psychotischer Störungen[71]

Kodierung	Diagnose
6 A20	Schizophrenie
6 A21	Schizoaffektive Störung
6 A22	Schizotype Störung
6 A23	Akute und vorübergehende psychotische Störung
6 A4	Wahnhafte Störung
6 A5	Symptomatische Manifestationen primärer psychotischer Störungen
6AY	Andere spezifische primäre psychotische Störungen
6AZ	Schizophrenie oder anderer primäre psychotische Störung, nicht näher bezeichnet

Gemäß ICD-11 erfasst die Schizophrenie verschiedene Erlebnis- und Erfahrungsbereiche und beeinträchtigt das Denken, die Wahrnehmung, eingeschlossen die Selbstwahrnehmung, die Kognition, die Motivation, das affektive Erleben und das Verhalten. Außerdem können psychomotorische Störungen auftreten, bis hin zu katatonen Zuständen. Überdauernde Wahnvorstellungen und Halluzinationen, Beeinflussungserfahrungen und Denkstörungen können als Kernsymptome angesehen werden. Die Symptome müssen laut ICD-11 mindestens einen Monat anhalten. Die scheinbar kleinen Unterschiede sollten dabei nicht übersehen werden. Im englischsprachigen amerikanischen Klassifikationssystem DSM-5 wurde bekanntlich ein anderer, m. E. viel adäquaterer Zeitrahmen, nämlich von einem halben Jahr, gewählt.

Wenigstens zwei der folgenden Symptomkategorien sollen klinisch nachweisbar sein, wobei das Zeitkriterium wie gesagt bei einem Monat liegt. Dabei soll eines der Symptome aus der Gruppe a)–d) stammen[72]:

---

71 WHO (2022)
72 ebenda

- Persistierender Wahn (z. B. Größenwahn, Verfolgungswahn, Beziehungswahn)
- Persistierende Halluzinationen (meistens akustisch, obwohl jedwede Sinnesmodalität betroffen sein kann)
- Formale Denkstörungen (z. B. Umständlichkeit des Denkens oder assoziative Lockerung, unverständliche Sprache, Inkohärenz oder Neologismen)
- Erlebnisse der Beeinflussung, Passivität oder Fremdkontrolle (z. B. Gedankeneingebung, Gedankenentzug, Gedankenausbreitung)
- Negativsymptome wie Affektverflachung, Aphasie oder Sprachverarmung, Antriebsmangel, Störungen der sozialen Kommunikation oder Anhedonie. Hinweis: Die Symptome dürfen nicht durch eine affektive Störung oder Medikamente verursacht sein.
- Grob desorganisiertes Verhalten, das sich in jeder Form von zielorientiertem Verhalten bemerkbar macht (z. B. bizarres oder nicht zielorientiert erscheinendes Verhalten, unvorhersehbare oder unangebrachte emotionale Reaktionen, die mit der Verhaltensorganisation interferieren)
- Psychomotorische Störungen wie katatone Unruhe oder Agitation, Haltungsstereotypien, wächserne Flexibilität, Negativismus, Mutismus oder Stupor

Damit wird den von Kurt Schneider zusammengestellten Erstrangsymptomen weniger Einfluss gegeben. Bislang reichte das Vorliegen eines der Erstrangsymptome für die Diagnose. Zu den Erstrangsymptomen zählten u. a. dialogisierende Stimmen, kommentierende Stimmen, Gedankenlautwerden, leibliche Beeinflussungserlebnisse, Gedankeneingebung, Gedankenentzug, Gedankenausbreitung, Willensbeeinflussung und Wahnwahrnehmung.

Außerdem wurden die bisher gebräuchlichen klinischen Subtypen der Schizophrenie (paranoid, hebephren, kataton) abgeschafft, wie das zuvor schon das DSM-5 vollzogen hatte. Der Grund dafür ist, dass diese Unterteilung nicht zeitstabil war und außerdem keine Relevanz für therapeutische Vorgehensweisen hatte. Stattdessen wurden sogenannte Symptomindikatoren neu eingeführt. Für die Schizophrenie kommen in Betracht: Positivsymptome, Negativsymptome, Depression, Manie, Psychomotorik und Kognition. Der besonderen Bedeutung der kognitiven Auffälligkeiten und katatonen Phänomene für eine Behandlungsprognose soll damit besser Rechnung getragen werden.

Neu entwickelt wird die Klassifizierung der Verlaufstypen der Schizophrenie. Es wird unterschieden, ob es sich um eine erste Episode der Schizophrenie handelt und ob diese symptomatisch, teil- oder voll remittiert ist, ob die Erkrankung bereits multiple Episoden erzeugt hat oder ob sie kontinuierlich verläuft.

Tab. 6: Verlaufstypologie der Schizophrenie

Verlaufstyp	Remissionstyp
6 A20.0 Schizophrenie, erste Episode	• 6 A20.00 gegenwärtig remittiert • 6 A20.01 gegenwärtig in Partialremission • 6 A20.02 gegenwärtig in Vollremission • 6 A20.03 unspezifiziert
6 A20.1 Schizophrenie, multiple Episoden	• 6 A20.10 gegenwärtig remittiert • 6 A20.11 gegenwärtig in Partialremission • 6 A20.12 gegenwärtig in Vollremission • 6 A20.13 unspezifiziert
6 A20.2 Schizophrenie, kontinuierlich	• 6 A20.20 gegenwärtig remittiert • 6 A20.21 gegenwärtig in Partialremission • 6 A20.22 gegenwärtig in Vollremission • 6 A20.23 unspezifiziert

Der Verlaufsindikator »kontinuierlich« sollte in der Regel erst nach einer Verlaufsbeobachtung von mindestens einem Jahr vergeben werden, wobei kurze symptomarme oder symptomfreie Phasen auch bei diesem klinischen Verlaufstyp vorkommen können.

Schizoaffektive Störung

Von der Diagnose in der Schizophrenie abzugrenzen ist die schizoaffektive Störung. In der ICD-11 werden schizoaffektive Störungen nur diagnostiziert, wenn in einer Querschnittsbeurteilung sowohl die Symptome der

Schizophrenie als auch der mittelschweren oder schweren affektiven Störungen gleichzeitig vorliegen. In ICD-11 müssen alle diagnostischen Kriterien für das Vorliegen einer Schizophrenie sowie einer mittelschweren oder schweren affektiven Störung gleichzeitig vorliegen, um die Diagnosestellung zu ermöglichen. Dabei sollte sich eine Symptomatik in beiden Bereichen (Schizophrenie und affektive Störung) möglichst zeitnah (innerhalb weniger Tage) miteinander entwickeln. Die Symptome sollten für beide Bereiche mindestens einen Monat lang angedauert haben.

Akute und vorübergehende psychotische Störung

Als »akute und vorübergehende psychotische Störungen« gelten die psychotischen Störungen, die akut beginnen, kurz dauern und viele klinische Ausprägungen haben. Weiterhin wird unterschieden, ob Symptome einer Schizophrenie dabei erkennbar sind. Als Höchstdauer wird die Zeitspanne von drei Monaten angenommen. An dieser Stelle wird noch einmal deutlich, wie problematisch das kurze Zeitkriterium für das Diagnostizieren einer Schizophrenie in der ICD-11 ist. Die Gefahr ist groß, dass die Diagnose zu schnell vergeben wird und nicht abgewartet wird, ob die psychotische Störung doch wieder vollkommen abklingt.

Sekundäres psychotisches Syndrom

Als sekundäre Psychose wird ein Syndrom bezeichnet, bei dem Halluzinationen oder Wahnbildungen dominant sind, die aber die direkte Folge einer nicht psychiatrischen Krankheit sind. Hier können – entsprechend der Diagnose einer Psychose – durchaus starke Halluzinationen oder Wahnbildungen im Vordergrund stehen. Sie lassen sich aber auf die positive Diagnose einer medizinischen Erkrankung, die die Symptomatik hervorruft, zurückführen. Dementsprechend entwickelt sich der Verlauf der psychopathologischen Symptome gleichsinnig mit dem Verlauf der medizinischen Erkrankung. Dies ist die entscheidende Erklärung, die Symptome lassen sich also nicht durch ein Delirium, Demenz, eine Schizophrenie oder affektive Störungen oder Medikamente erklären.

Katatonie

Schließlich wurde die »Katatonie« (6 A4) in der ICD-11 neu als eine separate Kategorie eingeführt. Sie zeichnet sich aus durch primär psychomotorische Störungen, also durch Symptome einer verminderten, verstärkten oder unnatürlichen psychomotorischen Aktivität. Katatonien können im Kontext anderer psychiatrischer Störungen wie der Schizophrenie, aber auch im Autismus, nach Intoxikationen oder Stoffwechselentgleisungen auftreten. Das erscheint mir nicht schlecht zu sein; auf der einen Seite wird die Diagnostik stärker darauf gelenkt zu überprüfen, ob nicht katatone Symptome, die oftmals übersehen werden, eine Rolle spielen, andererseits aber wird die Katatonie nicht vorschnell und oftmals fälschlich der Schizophrenie zugeordnet, sie bleibt also nosologisch unspezifisch.

Zusammenfassung

Fassen wir also noch einmal zusammen, was im ICD-11 neu ist:

- Verzichtet wird auf die klassischen Subtypen der Schizophrenie; stattdessen werden obligatorisch die Symptome in neuen Zusatzkategorien qualifiziert.
- Aufgegeben werden die Schneider'schen Erstrangsymptome, an die Stelle tritt die generelle Forderung nach mindestens zwei Symptomen bei der Schizophrenie (mindestens eines ein Positivsymptom, dies auch bei anderen psychotischen Störungen).
- Eine mindestens mittelschwere Episode einer affektiven Störung wird zwingend bei der schizoaffektiven Störung vorausgesetzt.
- Die Katatonie wird zu einer eigenständigen Kategorie.

Bedeutung der Neufassung in der ICD-11

Klassifikationssysteme sind deshalb so wichtig, weil sie unsere Wahrnehmung strukturieren. Sie zu beschreiben, ist im Detail langweilig, aber sie sind wichtig, weil sie im Laufe der Zeit vorgeben, die Wirklichkeit widerzuspiegeln. Der konstruktive und damit artifizielle Charakter gerät zunehmend in Vergessenheit. Da ist es wichtig zu überlegen, was die Neufassung der Schizophrenie in der ICD-11 mit sich bringt. Das schon über 100 Jahre alte Schizophreniekonzept wird im Prinzip beibehalten. Wenn die Subtypen verabschiedet werden, wird damit gleichzeitig betont, dass schizophrene Erkrankungen in viele psychische Funktionen eingreifen. Die Schizophrenie wird als eine Erkrankung beschrieben, die die gesamte Persönlichkeit eines Betroffenen verändert und labilisiert. Sie geht, auch wenn die psychosoziale Funktionsfähigkeit nach einem Erkrankungsschub wieder weitgehend hergestellt ist, mit Restsymptomen einher, die allerdings sehr gering ausgeprägt sein können.

Ich hatte darauf hingewiesen, dass Symptome unterschiedlich gewichtet werden. Die paranoid-halluzinatorischen Verlaufstypen schizophrener Psychosen werden besonders betont. Zugleich tauchen die früher als »hebephren« bezeichneten Verläufe in der Neufassung der ICD-11 (wie auch in der Neufassung des DSM-5) begrifflich nicht mehr auf. Wegen der Unschärfe dieser Kategorie ist es zu begrüßen, dass sie wegfällt. Andererseits ist es zu befürchten, dass besondere affektive Auffälligkeiten (»läppischer Affekt«) und auch das Konzept einer früh einsetzenden Psychose mit erheblichen sozialen Anpassungsschwierigkeiten in der Adoleszenz oder im jungen Erwachsenenalter falsch eingeordnet werden könnten. Gerade in der Altersphase vom Wechsel von der zweiten in die dritte Lebensdekade können sich entwicklungspsychologische Besonderheiten mit den Frühsymptomen schizophrener Störungen mischen, sodass die Abgrenzung dieser Aspekte voneinander schwierig erscheint.[73]

Manie und Depression

Als der Prototyp der psychotischen Störungen hat bislang in dieser Vorlesung die Schizophrenie gegolten. Umso wichtiger ist es, nun noch einen

---

73 Lau S (2017)

Ausgleich zu schaffen. Denn zu den psychotischen Störungen sind die sogenannten affektiven Psychosen zu zählen, insbesondere die bipolaren Störungen, die auf der einen Seite mit einer schweren Depression, auf der anderen Seite mit einer manischen Entgleisung verbunden sind.

Zunächst zur Klassifikation: Im Übergang von ICD-10 zu ICD-11 hat sich in Bezug auf die affektiven Psychosen wenig geändert.

Als Bipolar I wird eine 7 bis 14 Tage oder seltener auch länger andauernde manische Episode (Hochphase) bezeichnet, gefolgt von mindestens einer depressiven Episode. Die Bipolar-I-Störung kommt bei etwa 1–2 % der Bevölkerung vor. Frauen und Männer sind gleich häufig betroffen.

Bipolar II beinhaltet eine mindestens 14 Tage andauernde depressive Episode, gefolgt von mindestens einer Hypomanie (leichtere Form der Manie). Die Bipolar-II-Störung kommt bei rund 4 % der Bevölkerung vor. Bipolar-II-Störungen können mit rezidivierenden depressiven Störungen (Depressionen, die nach einem Zwischenzustand des Normalen immer wieder auftreten) verwechselt werden, wenn die hypomanen Phasen nicht erkannt werden.

In der ICD-11 ist die Bipolar-II-Störung im Gegensatz zu der Vorgängerversion der ICD-10 erstmals als eigenständige Kategorie angeführt. Als wichtige Neuerung in ICD-11 und DSM-5 ist neben euphorischer, gereizter oder expansiver Stimmung als ein zweites obligates Hauptkriterium erhöhte Energie gefordert. Zudem darf eine hypomane Episode auch dann diagnostiziert werden, wenn sie durch eine vorangegangene, medikamentöse (Antidepressiva) oder nichtmedikamentöse (Lichttherapie, Schlafentzug, EKT) Therapie ausgelöst wurde. Unterschiede zwischen ICD-11 und DSM-5 bestehen in der Operationalisierung des Zeitkriteriums der Hypomanie. Während die Dauer der Hypomanie in der ICD-11 bewusst auf das klinische Urteil fokussiert (»mindestens einige Tage anhaltend«), operationalisiert das DSM-5 hier strenger über das auch schon in der Vorgängerversion angewandte Zeitkriterium von mindestens 4 Tagen mit hypomaner Symptomatik.

Depression

Die Beschäftigung mit der Depression erforderte ein eigenständiges Buch. Ich beschränke mich hier daher auf kurze Bemerkungen zur Zeiterfahrung in der psychotischen Depression und beschränke mich danach ganz auf die Manie.

Die schwere Depression geht mit einer tiefgreifenden Beeinträchtigung des Zeiterlebens einher. Der Depressive fühlt die Herrschaft der Zeit; er nimmt das Vergehen der Zeit als solches wahr, also die Unerbittlichkeit eines Weiterrückens der Zeit, gegen die normalerweise die Lebendigkeit der Lebensvollzüge und der emotionalen Erfahrungen in Beziehungen schützen. Wenn diese empfundene Unerbittlichkeit des Zeiterlebens sich mit dem Leeregefühl in der Depression paart, wird der Lastcharakter der ohne Fülle verrinnenden Zeit unerträglich, zumal dieser Zustand als anhaltend erlebt werden kann, als ausweglose Weg in eine Zukunft, die nichts Neues mehr bietet. Diese Erfahrung der monoton werdenden linearen Zeit kann Suizidgedanken stimulieren.

Das Ineinanderspielen der Zeitdimensionen engt sich in der Depression ein.[74] Die Erfahrung der Vergangenheit und des Vergangenen gewinnen eine Übermacht über das Erleben von Gegenwart und Zukunft. Zukunft wird als endlose Wiederkehr des Gleichen, als Wiederkehr des Vergangenen erlebt. Damit ist Zukunft nicht mit Hoffnung und nicht mit dem Gefühl der eigengesetzten Gestaltungsräume verknüpft. Am Vergangenen wird das, was sich nicht realisieren ließ, was zu kurz gekommen ist, was falsch gelaufen ist, einseitig festgehalten, so dass das Gewicht der Vergangenheit durch die Schwere der Schuld und des Versagens erhöht wird. Die Vergangenheit ist und bleibt unabgegolten, aber ohne Erwartung und Hoffnung auf eine Zukunft, die die Geltungsansprüche erneut einlösen kann. So entsteht die »Werdenshemmung«: Das Gefühl, Akteur des eigenen Lebens zu sein, aus dem eigenen Potential, das in der Vergangenheit gebildet worden ist, Zukunft zu gestalten, nimmt ab oder erlischt. Die Lebendigkeit, in Beziehungen zu anderen etwas gestalten zu können, versiegt, also auch das Vertrauen in andere.

---

74 Küchenhoff J (2013)

Schauen wir uns nun die Symptome der psychotischen Depression genauer an:

- Wahnideen im Sinne von Versündigung, Verarmung, Angst vor einer bevorstehenden Katastrophe, Schuld, in Form von hypochondrischem Wahn, in Form eines nihilistischen Wahns (Überzeugung, innerlich bereits tot oder teilweise abgestorben zu sein) oder Verkleinerungswahns (Gewissheit, körperlich ständig weiter zu schrumpfen)
- Akustische Halluzinationen (selten), Geruchshalluzinationen (Eigengeruchshalluzinationen, Fäulnis des eigenen Körper oder in der Umgebung)
- Stupor als Form einer extrem gesteigerten Handlungshemmung

Aus den Wahninhalten lässt sich das beschriebene gestörte Zeiterleben gut ableiten. Denn sie verweisen ja alle auf eine in der Vergangenheit wurzelnde Schuld, ein Versagen, eine Widerfahrnis, die absolut nicht wiedergutzumachen ist. Der Körper ist bereits unheilbar krank (geworden), er ist bereits seit langem dem Verfall preisgegeben, so dass er stinkt, es ist der Tod bereits eingetreten, oder aber die vergangenen taten rächen sich in einer bodenlosen Schuld.

Warum betone ich hier dieses eine Merkmal der schweren Depression? Es geht uns in diesem Buch doch vornehmlich um den therapeutischen Umgang, nicht um Psychopathologie. Aber das eine ist nicht gut vom anderen zu trennen. Die Zeiterlebensstörung ist deshalb so enorm wichtig, weil sie mit der Gefahr des Suizids verbunden ist. Wenn wir uns einmal hineinversetzen in einen Zustand, in dem die Zeit einfach nicht mehr vergeht oder aber vollkommen determiniert und ohne Freiheitsgrade ist, dann können wir rasch nachempfinden, dass er unerträglich erscheint. Daher ist die scheinbar harmlose, so oft zu hörende Frage »Werde ich wieder gesund?« bitter ernst zu nehmen, denn dahinter kann sich das Gefühl verbergen, dass keinerlei Entwicklung mehr möglich ist.

Ein kleiner Einschub sei hier auf die aktuelle deutsche Gesetzgebung erlaubt. Momentan soll der §217 StGB neu gefasst werden, die Suizidbeihilfe soll weitgehend liberalisiert werden, weil die Verfügung über Leben und Tod in den sehr persönlichen Verantwortungsbereich jedes Menschen gehöre. Immer wieder kommt es vor – in der Schweiz ist die Suizidbeihilfe nicht unter Strafe gestellt –, dass sich depressive Menschen in dem soeben beschriebenen Zustand, der natürlich mit größter Hoffnungslosigkeit verbunden ist, töten lassen wollen. Und es ist so wesentlich, dass sie begleitet werden durch diese Ödnis der schweren Depression, ohne dass dem Leben in der Realität ein Ende gesetzt wird.[75]

Nun aber zur Manie.

Manie

Eine manische Episode ist gekennzeichnet durch eine anhaltende Periode abnormer und ständiger gehobener, überschwänglicher oder gereizter Stimmung, die über eine Woche dauert (oder Krankenhausaufenthalt). Während dieser Zeit bestehen drei (oder mehr) der folgenden Symptome:

- Übertriebenes Selbstbewusstsein oder Größenwahn
- Verringertes Schlafbedürfnis
- Besondere Gesprächigkeit und Rededrang
- Ideenflucht oder subjektives Gefühl, dass die Gedanken rasen
- Zerstreutheit (Aufmerksamkeit wird zu leicht auf unwichtige oder belanglose externe Reize gezogen)
- Zunahme zielgerichteter Aktivitäten (entweder sozial, am Arbeitsplatz oder in der Schule oder sexuell) oder psychomotorische Unruhe
- Exzessive Beschäftigung mit angenehmen Tätigkeiten, die höchstwahrscheinlich negative Folgen hat (z. B. ungehemmter Kaufrausch, sexuelle Taktlosigkeiten oder unvernünftige geschäftliche Investitionen)

Dabei ist die Stimmungsstörung so schwer, dass sie berufliche Aufgaben oder andere soziale Aktivitäten oder Beziehungen massiv verändert oder behindert.

Meist findet sich ein Anlass für die manische Entgleisung. Ich verstehe die Manie also nicht als ein ausschließlich biologisch bedingtes Geschehen, als eine Entgleisung eines biologischen Rhythmus, sondern als eine psy-

---

75 Küchenhoff J & Teising M (2022)

chologische Reaktion auf ein persönliches Dilemma, das schwerwiegend ist und das es zu lösen gilt.

Klinisches Beispiel

Herr B. ist sich sehr bewusst, dass er nicht mehr lang zu leben hat. Er leidet an einem unbehandelbaren Pankreaskarzinom; er erhält gleichwohl eine palliative Chemotherapie. Er ist in die Klinik gekommen, weil er manisch entgleist ist. Er ist fast 80 Jahre alt und geistig vollkommen geordnet. Er war im Laufe seines Lebens schon mehrfach wegen seiner bipolaren Störung in Behandlung, das letzte Mal aber liegt Jahrzehnte zurück. Er ist schon lange verheiratet, seine Frau ist duldsam und zurückgenommen, dem sehr temperamentvollen und hyperthym gestimmten Ehemann ergeben.

Die manische Entgleisung ist Herrn B.‹s persönliche Reaktion auf die Mitteilung der Diagnose; sie entspricht einer leicht verständlichen Abwehr: In der Manie lässt sich alles umdrehen, die Ohnmacht wandelt sich in das Gefühl großer Handlungsspielräume, das es ihm erlaubt, sein Konto abzuräumen. Die Manie ermöglicht ihm, mit Beharrlichkeit nach einer Jugendfreundin zu forschen, die er als seine große unerreichte Liebe ansieht. Es ist, als wäre es möglich, das Leben noch einmal umzukehren, noch einmal von vorn anzufangen.

Es lohnt, sich an dieser Stelle Gedanken darüber zu machen, wie der manisch erlebende Mensch mit der Zeit umgeht. Offensichtlich wird von Herrn B. der Zeitablauf, das Verhältnis von Vergangenheit, Gegenwart und Zukunft verändert. Die Vergangenheit kehrt wieder, aber nicht in der Erinnerung, in der Manie fühlt er sich jung, so jung, dass er tatsächlich auf die Suche nach der Jugendfreundin geht und die feste Vorstellung hat, er könne mit ihr, die er Jahrzehnte nicht gesehen hat, wieder ein Verhältnis anfangen, als wäre er 50 Jahre jünger. Die Zeit steht in gewisser Weise still, alles ist erfüllte Gegenwart bzw. erfüllte, von der Vergangenheit losgelöste Zukunft. Der japanische Psychopathologe Kobayashi hat in seinem Buch »Melancholie und Zeit«[76] beschrieben, dass in dem manischen Prozess die

---

76 Kobayashi T (1998)

Zukunft über die Vergangenheit und damit auch über die Gegenwart herrscht. Das Subjekt reißt sich von der Faktizität des Daseins los und gehe in die reine Bestimmungslosigkeit der Zukunft über.

Sigmund Freud[77] hat die Manie psychodynamisch so verstanden, dass im manischen Erleben das Ich und das Ichideal zusammenfallen – ein immer noch bedeutsamer Verstehensansatz. Was bedeutet er? Er impliziert, dass dem Menschen im manischen Zustand das, was ihm sonst in der Fantasie als Ziel der Selbstverwirklichung vorschwebt, schon als realisiert erscheint oder umstands-, ja umsichtslos zu verwirklichen ist, also nur darauf wartet, hier und jetzt in die Tat umgesetzt zu werden. Und das führt zu einer Euphorie ohne Gleichen. Denn das ist ja eine Aufgabe der psychischen Instanz, die Freud das Ichideal genannt hat: eine Idealbildung, die das Leben anleitet, ein Ideal, das es zu erreichen gilt, nach dem man die eigenen Lebenspläne ausrichtet. Bei Herrn B. ist besonders eindrucksvoll, dass er mit den Mitteln der Manie die Realität ausblendet, die für ihn heißt, am Lebensende angekommen zu sein, an einer nicht mehr behandelbar Krankheit zu leiden etc.

Die Manie ist im Gegensatz zu einer weit verbreiteten Meinung kein antidepressiver Mechanismus, sondern eine alternative Lösung existenzieller Herausforderungen, die jedoch gleichermaßen zum Scheitern verurteilt ist. In der Depression versinkt der Kranke gleichsam von den Aufgaben der eigenen Existenz, in der Manie aber schüttelt er sie ab. In der Depression werden die Gewissensanforderungen, das schlechte Gewissen, das Gefühl immer zurückzubleiben hinter den eigenen Anforderungen, das Hubertus Tellenbach[78] als Remanenz beschrieben hat, als übermächtig. In der Manie aber werden all diese Selbstanforderungen abgewiesen und abgelegt. Die Manie beruht also auf demselben – existenziellen – Dilemma wie die schwere Depression. Sie ist aber anders als diese nicht die Übererfüllung, sondern die Aufkündigung des Gehorsams gegenüber dem strengen Überich und Ich.

Was ist zur Therapie, vor allem zur Psychotherapie der Manie zu sagen? Sie ist zunächst einmal sehr schwierig, weil die Person, die aktuell manisch ist, in der Regel kein Bedürfnis nach Hilfe verspürt und kein Krankheits-

---

77 Freud S (1923)
78 Tellenbach H (1963)

bewusstsein hat. Daher ist es wichtig, mit einem Menschen, der bereits mehrere Erfahrungen mit bipolaren Zyklen gemacht hat, einen Therapievertrag zu schließen. Denn im Intervall zwischen den Phasen ist es ihm in aller Regel sehr bewusst, wie leidvoll und im Nachhinein auch wie beschämend der manische Zustand gewesen ist. In diesem Intervall also gilt es, Vorkehrungen zu treffen, auch Vertrauensperson zu benennen, die auch unter den Bedingungen der Manie einen gewissen Einfluss bewahren können und eine Behandlung einleiten können. Erneut also ist die Familie für die Therapie außerordentlich wichtig.

Selbstverständlich ist und vielleicht in besonderer Weise in der Manie die Psychopharmakologie wesentlich. Die antipsychotische Medikation kann viel in der manischen Phase angerichtetes Unheil vermeiden, aber sie wird vom manisch erlebenden Menschen als Absturz in die Realität vermieden und verabscheut. Dies gilt nicht für die so wichtige Prophylaxe, die vor allem unter Lithium sehr gut möglich ist. Eine Psychotherapie ist möglich und notwendig, sie hat viele Facetten. Ihre Aufgabe ist es nicht, den manischen Menschen zu korrigieren oder gar zurechtzuweisen – was freilich leicht passiert, da manische Unbelehrbarkeit die Umwelt, auch die Therapeuten, sehr ungehalten machen kann. Zwar kann es durchaus angemessen sein, den übermäßigen Eigenbezug in der manischen Verfassung zu relativieren, um die anderen, die Mitmenschen ins Spiel zu bringen. Aber wesentlich erscheint es, dass der Therapeut den Sinn der Aufkündigung des Gehorsams und der Revolte gegen das strenge Überich versteht und die dieses Verständnis mit seinem Patienten teilt.

Kommen wir auf Herrn B. zurück:

Fallbeispiel

Die psychotherapeutische Behandlung beschert ihm, so scheint es zunächst, nichts Gutes: Was hat sie ihm zu bieten? Therapie bedeutet Absturz aus einem Hochgefühl auf den Boden des Bewusstseins der auf wenige Wochen oder Monate verkürzten Lebensspanne. Dort bleiben die therapeutischen Gespräche freilich nicht stehen. Sie ermöglichen, dass Herr B. nicht weiter in eine Depression abstürzt; stattdessen trifft er Vorkehrungen für den Zeitpunkt seines Sterbens. Er weint oft, aber die Tränen sind rasch wieder getrocknet.

Es sind zwei Bilder, die ihn in den weiteren Gesprächen leiten. Das eine greift zurück auf seine Herkunft; seine Vorfahren waren in der historischen Realität im 17. Jahrhundert österreichische Revolutionäre, die in der Schweiz Fuß gefasst haben. Diese österreichische Erbschaft wird ihm wichtig, er identifiziert sich mit den Gestalten der Familiengeschichte und wird im eigenen Selbstgefühl selbst zum Held, der den Angriff der todbringenden Krankheit pariert. Auch wenn er weiß, dass er nicht siegen wird, so weiß er doch, dass er auf sich als einen Kämpfer stolz sein kann. So bildet er ein nicht mehr manisches, aber von einer gewissen stolzen Lebenshaltung geprägtes Selbstbild.

Das zweite Bild greift voraus in die Zukunft. Er möchte sich noch einen Wunsch erfüllen, er möchte noch einmal »abheben«, und er meint es ganz wörtlich: Er, der früher viel unterwegs war, möchte noch einmal fliegen dürfen, er möchte seinen Sohn in London besuchen, nur für ein oder zwei Tage. Er ist sehr überrascht, dass ich in den Therapiegesprächen diesen Wunsch nicht als Symptom einer Manie abtue, sondern ernst nehme und aufgreife und mit ihm daran arbeite, den Wunsch zu realisieren, d. h. ins Realistische zu übersetzen: Wir einigen uns auf einen Rundflug in der Schweiz, dabei kann er begleitet werden von einer Pflegefachfrau der Klinik. Allein wäre es ihm nicht mehr möglich zu reisen, der Flug ins Ausland wäre ohnehin angesichts des Gesundheitszustandes verboten. Der kleine Flug wird zur Versicherung, dass die wenige Zeit, die ihm bleibt, ausgefüllt bleibt und aktiv gestaltet werden kann. Nicht der Flug selbst ist entscheidend, sondern es sind die Spielräume, die Gestaltungsspielräume am Ende des Lebens – Herr B. möchte sich dem Tod nicht ausliefern, sondern ihm noch ein Stück Lebendigkeit gleichsam abtrotzen. Dieser Kampfesmut gehört zu ihm, auch wenn er nicht manisch wird. Es wird seine Form zu sterben sein.

Diese persönliche Art, dem Tod zu begegnen, ist, anders als die Manie, nicht als Abwehr misszuverstehen. Herr B. findet zu einer Haltung, die sich in der Terminologie der Psychoonkologie als »duality of thinking«[79] oder als »middle knowledge« verstehen lässt: Der Tod wird nicht verleugnet, aber das starke Begehren, zu leben und sich am Leben zu beteiligen, wird

---

79 Weisman (1972)

nicht einfach dem Tod vorauslaufend geopfert. Das Bewusstsein des Sterbeprozesses und die Bereitschaft, das Leben weiter zu gestalten, bestehen nebeneinander; sie sind nicht voneinander dissoziiert, sondern behaupten ihr Recht nebeneinander.

Zum Abschluss noch einmal: Engagement in der Psychotherapie

Ganz besonders der psychotisch erlebende Mensch ist verschiedenen Dilemmata ausgesetzt, die er immer neu aufzulösen versuchen muss. Damit steckt auch die psychiatrisch-psychotherapeutische Behandlung voller Dilemmata, die es auszutarieren gilt:

1. Die psychotherapeutische Arbeit mit psychotisch erlebenden Menschen bringt, wenn sie gut sein soll, das Erleben des Kranken näher. Sie erlaubt es nicht, sich auf einer von vornherein distanzierten Position auszuruhen, sondern verlangt Engagement, die affektive Beteiligung an der Beziehung zum psychotisch erkrankten Menschen, die Bereitschaft, sich ihm zu nähern, sich in seine Welt einzudenken. Zugleich aber ist es notwendig, sich vor Augen zu halten, wie fremd der andere immer wieder aufs Neue ist und werden kann, und diese Fremdheit zu akzeptieren.
2. Therapeutisches Engagement kann nicht einen Heilungseifer (»furor sanandi«) bedeuten, ebenso wenig, wie die Anerkennung des anderen in seiner Fremdheit in therapeutischer Resignation oder Passivität enden kann. Die Geschichte der Psychiatrie ist voll von Beispielen dafür, welche schrecklichen Folgen es haben kann, wenn dieses Dilemma zwischen Engagement (zur Veränderung) und Akzeptanz (der Andersheit) nicht ertragen werden kann.
3. Wer psychotherapeutisch mit psychotisch Erkrankten arbeitet, muss bei allem persönlichen Einsatz wissen, dass er nicht allein tätig sein kann, es aber auch gar nicht muss. Dass die Psychopharmaka eine Rolle in fast allen Behandlungen spielen, ist nicht die Folge eines Versagens verstehender Psychotherapie, sondern weist auf die Multidimensionalität des Krankheitsgeschehens hin. Ebenso wichtig ist es – nicht zuletzt um

Missverständnisse abzuwehren –, darauf hinzuweisen, dass die Arbeit mit dem Einzelnen nur einen Ausschnitt der therapeutischen Arbeit darstellt. Niemand wird allein krank, niemand wird allein (oder zu zweit) gesund. Jede Psychotherapie muss auch Sozialpsychiatrie sein, eingebettet in eine gemeindenahe und eine auf die Angehörigen zentrierte Arbeit. Aber auch die Umkehr dieser Aussage ist richtig: Eine Sozialpsychiatrie ohne ein psychodynamisches, verhaltenstherapeutisches oder familientherapeutisches Verstehen bleibt einseitig und droht zu einem Sozialmanagement zu werden.

4. Wer sich auf die Psychotherapie psychotisch erkrankter Menschen einlässt, kann sich mittlerweile auf wertvolle theoretische und klinische Konzepte stützen, die zum Teil sogar schon manualisiert worden sind. Gleichwohl ist die persönliche Begegnung mit dem psychotisch Kranken immer auch ein Wagnis, das durch die Theorien nie ganz vorweggenommen und abgesichert werden kann. Die Psychotherapie der Psychosen verlangt Fachwissen, sie ist voraussetzungsreich, wie das vorgestellte psychoanalytische Faktorenmodell der psychotischen Störungen gezeigt hat. Ein Engagement in guter Absicht, aber ohne die gute Aus- und Weiterbildung ist fahrlässig. Eine Anwendung theoretischer Kenntnisse ohne Engagement hingegen ist wirkungslos.

5. Die psychiatrisch-psychotherapeutische Behandlung psychotischer Störungen spielt sich in der Regel nicht in einem »reinen« Setting ab, das frei wählbar und einvernehmlich gestaltbar ist. Wenn ein Setting verstanden und gebilligt und eingehalten werden kann, ist ja schon sehr viel erreicht worden. Die Psychologie psychotischen Erlebens zu kennen ist also nicht allein und vielleicht nicht einmal in erster Linie wichtig für die einzeltherapeutische Begegnung mit psychotisch kranken Menschen, sondern sie ist wichtig für die vielgestaltige, oft beunruhigende, störende Situation der psychiatrisch-psychotherapeutischen Behandlung. Spezifische psychotherapeutische Kenntnisse sollten also ebenso in der Praxis des Psychoanalytikers hilfreich sein wie auf der Akutstation einer psychiatrischen Klinik, in der sozialen Rehabilitation ebenso wie in der Psychopharmakologie. Wenn dieses Buch in diesem Sinne hier und da praktisch hilfreich sein kann und zum Nachdenken anregt, ist sein Zweck erfüllt.

Literatur

Abel-Horowitz J (1998) Psychopharmacotherapy during an Analysis. Psychoanal Inq 18,673–701.
Angehrn E, Küchenhoff J (Hg) (2014) Die Arbeit des Negativen. Weilerswist: Velbrück Wissenschaft.
Arbeitskreis OPD (2006) Operationalisierte Psychodynamische Diagnostik OPD-2. Bern: Huber.
Arbeitskreis OPD (2023) Operationalisierte Psychodynamische Diagnostik OPD-3. Bern: Hogrefe.
Benedetti G (1983) Psychosentherapie. Psychoanalytische und existentielle Grundlagen. Stuttgart: Klett.
Benedetti G (2002) Der Geisteskranke als Mitmensch. Göttingen: Vandenhoeck & Ruprecht.
Bion WR (1959/1990b) Angriffe auf Verbindungen. In: Bott Spillius E (Hg) Melanie Klein heute, Bd. 1 München/Wien: Verlag Internationale Psychoanalyse, S. 110–129.
Blankenburg W (1971) Der Verlust der natürlichen Selbstverständlichkeit. Stuttgart: Enke.
Bleuler E (1911/2014) Dementia praecox oder Gruppe der Schizophrenien. Neuausgabe 2014. Gießen: Psychosozial-Verlag.
Cabaniss D, Roose S (2005) Psychoanalysis and psychopharmacology: new research, new paradigms. Clinical Neuroscience Research 4, 399–403.
Celan P (2014) Die Gedichte. Neue kommentierte Gesamtausgabe. Berlin: Suhrkamp.
Conrad K (1959/2013) Die beginnende Schizophrenie. Versuch einer Gestaltanalyse des Wahnsinns. Gütersloh: Psychiatrie-Verlag.
Conus P, Söderström D (Hg) (2021) Approche psychothérapeutique des psychoses. Un lien pour cheminer au quotidien. Chêne-Bourg: RMS Editions.
DGPPN (2019) Leitlinien Kognitive Verhaltenstherapie der Schizophrenie. Online: www.dgppn.de/_Resources/Persistent/88074695aeb16cfa00f4ac2d7174cd068d0658be/038-009l_S3_Schizophrenie_2019-03.pdf
Feldmann, C. (2020) Von einem, der die Spielregeln der Welt nur langsam lernte. Swiss Arch Neurol Psychiatr Psychother. 2020, S. 171–172.

Freud S (1911) Psychoanalytische Bemerkungen über einen autobiographisch beschriebenen Fall von Paranoia (Dementia paranoides). GW VIII. Frankfurt a. M.: Fischer, S. 239–316.
Freud S (1923) Das Ich und das Es. GW XIII. Frankfurt a. M.: Fischer, S. 235–290.
Gabbard G (2000a). A neurobiologically informed perspective on psychotherapy. Brit J Psychiat 177, 117–122.
Gabbard G (2000b). Psychodynamic psychiatry in clinical practice. Wahington: American Psychiatric Press.
Green A (1983). Narcissisme de vie, narcissisme de mort. Paris: Les Éditions de Minuit.
Holzhey-Kunz A (2020) Emotionale Wahrheit. Der philosophische Gehalt emotionaler Erfahrungen. Basel: Schwabe.
Juáres V, Montánchez Torres M (2016) Biases in schizophrenia spectrum disorders. In: Shen Y-C (Ed) Schizophrenia treatment. IntechOpen.
Kamper D (Hg) (1985) Zeichen als Narben. Gedanken zur Signifikation. Berlin: Frölich & Kaufmann.
Kapfhammer HP (1997) Psychotherapeutische und pharmakotherapeutische Ansätze in der Behandlung von depressiven Störungen. In: Buchheim P (Hg) Psychotherapie und Psychopharmakologie. Stuttgart: Schattauer, S. 31–54.
Kobayashi T (1998) Melancholie und Zeit. Basel Frankfurt: Stroemfeld.
Küchenhoff J (2005) Psychotherapeutische Beziehung und Psychopharmakotherapie. Schweiz Arch Neurol Psychiatr 156, 13–19.
Küchenhoff J (2009) Der integrative Prozess in der Psychotherapie: Methodenvielfalt – Synergismus – Integration. Schweiz Arch Neurol Psychiatr 160, 12–19.
Küchenhoff J (2012) Körper und Sprache. Theoretische und klinische Beiträge zu einem intersubjektiven Verständnis des Körpererlebens. 2. überarb. Auflage. Gießen: Psychosozial Verlag.
Küchenhoff J (2013a) Der Sinn im Nein und die Gabe des Gesprächs. Weilerswist: Velbrück Wissenschaft.
Küchenhoff J (2013b) Depression. Gießen: Psychosozial Verlag.
Küchenhoff J (2013c) Psychiatrische Klassifikation und die Anerkennung des Fremden. Psychoanalyse aktuell. Online-Zeitung der Deutschen Psychoanalytischen Vereinigung
Küchenhoff J (2016) Produktive und destruktive Negativität – zur Psychodynamik psychotischer Symptome. In: Matejek N, Müller T (Hg) Negation in der Psychose. Göttingen: Vandenhoeck & Ruprecht, S. 29–46.
Küchenhoff J (2019) Verständigung und Selbstfindung. Psychoanalytisch-philosophische Gedankengänge. Basel: Schwabe.
Küchenhoff J, Argawalla P (2013) Körperbild und Persönlichkeit. Heidelberg Berlin New York: Springer.
Küchenhoff J, Prause K, Schulz G (2017) Engagement und Respekt. Psychotherapeutische Haltung und Beziehungsarbeit in der Psychotherapie mit psychotisch erlebenden Menschen. Psyche – Z Psychoanal 71, 60–81.

Küchenhoff J, Teising M (2022) Sich selbst töten mit Hilfe anderer. Gießen: Psychosozial Verlag.
Lang H (2000) Strukturale Psychoanalyse. Frankfurt a. M.: Suhrkamp.
Lau S (2021) Die Schizophrenie im Entwurf der ICD-11 und Implikationen für die Beurteilung der Schuldfähigkeit. Forensische Psychiatrie Psychologie Kriminologie 15,1-7.
Lebovitz PS (2004) Integrating psychoanalysis and psychopharmacology: A review of the literatur of combined treatment for affective disorders. Am Acad Psychoanal Dyn Psychiatry 32, 585-596.
Lempa G, von Haebler D, Montag C (2017) Psychodynamische Psychotherapie der Schizophrenien. Ein Manual. Gießen: Psychosozial Verlag.
Levinas E (1949/2008) Totalität und Unendlichkeit. Versuch über die Exteriorität. Freiburg/München: Alber. (Titel der vollständigen Originalausgabe: En découvrant l'existence avec Husserl et Heidegger, Paris 1949.)
Lincoln T (2015) Psychotische Störungen: Ansatzpunkte für Psychotherapie bei Schizophrenie. Ärzteblatt PP 14, 366. Online: www.aerzteblatt.de/archiv/171547/Psychotische-Stoerungen-Ansatzpunkte-fuer-Psychotherapie-bei-Schizophrenie.
Mentzos S (1993) Psychodynamische Modelle in der Psychiatrie. Göttingen: Vandenhoeck & Ruprecht.
Mentzos S (2009) Lehrbuch der Psychodynamik. Die Funktion der Dysfunktionalität psychischer Störungen. Göttingen: Vandenhoeck & Ruprecht.
Merleau-Ponty M (1969/1984). Die Prosa der Welt. München: Fink.
Mintz D, Belnap B (2006) A view from Riggs: Treatment resistance and patient authority – III. What is psychodynamic psychopharmacology? An approach to pharmacologic treatment resistance. J. Amer. Acad. Psychoanal. 34, 581-601.
Money-Kyrle R (1981) Collected Papers. Perthshire: Clunie Press.
Mottaghipour Y, Bickerton A (2005) The pyramid of family care: A framework for family involvement with adult mental health services. Australian e-Journal for the Advancement of Mental Health 4(3), 210-217.
Müller D, Roder V (2017) Vom kognitiven Training zur Kognitiven Remediationstherapie: Nutzen und Grenzen. Verhaltenstherapie 27, 170-179.
Mundt C (2010) Die Erinnerungskultur zur NS-»Euthanasie« an der Heidelberger Psychiatrischen Klinik. Ein persönlicher Rückblick. In: Fuchs P, Eckart W, Mundt C, Rotzoll M, Richter P, Hohendorf G (Hg) Die nationalsozialistische »Euthanasie«-Aktion »T 4« und ihre Opfer. Paderborn: Schöningh, S. 364-374.
Normand W, Bluestone H (1986) The use of pharmacotherapy in psychoanalytic treatment. Contemp Psychoanal 22, 218-234.
Olesker W (2006) Thoughts on medication and psychoanalysis: A lay analyst's view. J. Amer. Psychoanal. Assn. 54, 763-779.
Pankow G (1974) Die gesprengten Fesseln der Psychose. München: Kindler.
Purcell S (2008) The analyst's attitude toward pharmacotherapy. J. Amer. Psychoanal. Assn. 56, 913-934.
Racamier P (1982) Die Schizophrenen. Heidelberg Berlin New York: Springer.

Reik T (1976) Hören mit dem dritten Ohr. Die innere Erfahrung eines Psychoanalytikers. Hamburg: Hoffmann & Campe.
Rubin J (2001) Countertransference factors in the psychology of psychopharmacology. J Am Acad Psychoanal 29, 565–573.
Sarwer-Foner GJ (1960) The dynamics of psychiatric drug therapy. New York: Thomas.
Schneider K (2007) Klinische Psychopathologie. Stuttgart New York: Thieme.
Schwander M (Hg) (2021) Goya. Berlin: Cantz Verlag.
Stern DN (1995) The motherhood constellation. New York: Basic Books.
Tellenbach H (1963) Melancholie. Berlin Heidelberg New York: Springer.
Viinamäki H, Kuikka J, Tiihonen J (1998) Change in momoamine transporter density related to clinical recovery: a case control study. Nordic J Psychiat 52, 39–44.
Warsitz RP, Küchenhoff J (2015) Psychoanalyse als Erkenntnistheorie – psychoanalytische Er-kenntnisverfahren. Stuttgart: Kohlhammer.
Weisman AD (1972) On dying and denying: A psychiatric study of terminality. New York: Behavioral Publications.
WHO (2022) Internationale Klassifikation der Krankheiten, 11. Revision – ICD-11 für Mortalitäts- und Morbiditätsstatistiken. Online: www.bfarm.de/DE/Kodiersysteme/Klassifikationen/ICD/ICD-11/uebersetzung/_node
Wittgenstein L (1958/1972) Philosophische Untersuchungen. Frankfurt a. M.: Suhrkamp.

Stichwortverzeichnis

A

Abhängigkeit 19
Akzeptanz-und-Commitment-Therapie 72
Anerkennung 43
Antödipus 20
Archivierung 53

B

Bipolare Störung 98

C

Compliance 78
Containing 53

D

Depression 89
Desobjektalisierung 32
Dysmorphophobie 24

E

Eklektizismus 80
Engagement 44, 107
Ethik 10

F

facts of life 19
Familientherapie 30, 74
First-person Accounts 11
Fremdheit 43

H

Hellhörigkeit 19

I

ICD-11 96
Ichfunktionen 58
Integrationsprozes 80
Interpersonalität 65
Intertextualität 49

K

Katatonie 25, 96
Kognitive Remediation 71
Kognitive Therapie 67
Konkretismus 64
Kontinuitätshypothese. 69
Körper 24
Körperbild 24

M

Manie 89
Metakognitives Training 70
Metapher 64
Metaphernanalyse 49
middle knowledge 105
Mindfulness-Therapie 72

N

Nähe-Distanz-Dilemma 28
negative Halluzination 41
Negativität 40
Negativsymptomatik 38

O

Operationalisierte Psychodynamische
  Diagnostik 59, 86

P

Prosodie 52
psychiatrische Klinik 27
Psychoanalyse 88
psychoanalytische Haltung 28, 44, 51
psychoanalytische Psychotherapie 51
psychodynamische Psychopharmakologie 79
Psychopharmakologie 78
psychopharmakologisch informierten
  Psychoanalyse 80
psychotische Störung 95

R

Resonanz 63
Respekt 44
Rêverie 52

S

Schemata des Zusammenseins 28
Schizoaffektive Störung 94
Schizophrenie 91
– Anastrophe 17
– Apophänie 16
– Halluzination 13
– Symptome ersten Ranges 13
– Trema 16
– Weltuntergang 18
Selbst
– verletztes 15
– vermindertes 15
Selbst-Objekt-Differenzierung 30
Selbstwert 30
soziale Integration 8
Sprachzerstörung 36
Stigmatisierung 10
Suizidbeihilfe 100
Synergismus 81
Systemische Therapien 73

T

Traumatherapie 9
trianguläre Verhältnis 56
Triangulierung 56

U

Unverfügbarkeit 20

V

Verantwortung 7
Verhaltenstherapie 67
Verstehende Psychopathologie 42

W

Wahn 34

Z

Zeitlichkeit 19
Zwischenleiblichkeit 52

Personenverzeichnis

B

Benedetti, G.   34, 45, 57
Bion, W. R.   41
Blankenburg, W.   32
Bleuler, E.   14

C

Celan, P.   47
Conrad, K.   16

D

de Goya, F.   10

F

Freud, S.   18, 33, 103

G

Gabbard, G.   82
Green, A.   32

H

Holzhey, A.   19

K

Küchenhoff, J.   31, 38, 43, 44, 52, 99, 101

L

Lang, H.   64
Lempa, G.   62
Lévinas, E.   9
Lincoln, T.   70

M

Mentzos, S.   30, 57, 83
Merleau-Ponty, M.   62

P

Pankow, G.   25

R

Racamier, P.   20

S

Schneider, K.   13, 93
Schreber, D. P.   18

Stern, D. 28
Stierlin, H. 30

T

Tellenbach, H. 103

W

Warsitz, R. P. 52
Wittgenstein, L. 54